IMADR ブックレット 18

先住民族の言語と権利
―世界と日本―

編集・発行　反差別国際運動（IMADR）

はじめに

　2019 年は国際先住民族の言語年である。2007 年に採択された国連先住民族の権利宣言が示すように、先住民族の権利が実現されるためには、それぞれの先住民族のアイデンティの確立が保障されなくてはならない。いうまでもなく、そのアイデンティティの重要な要素の一つが言語である。経済のグローバル化による資源収奪的なビジネス活動やなりふり構わない自国中心主義の拡大は、世界の先住民族にとって脅威になっている。そうしたなか、国連が 2019 年を先住民族の言語の年に定めたことは非常に重要である。

　反差別国際運動（IMADR）は、設立当初よりアイヌ民族そして琉球・沖縄の人びととつながりながら、差別撤廃と先住民族としての認知および権利確立をめざした活動を行ってきた。国連人権条約諸機関は、アイヌ民族および琉球・沖縄の人びとの文化や言語の継承を促進する措置をとるよう日本政府に勧告してきた。世界の多くの先住民族の言語と同様、これら言語も保護が必要な希少言語として UNESCO に指定されている。この国際年に私たちが本書を出すことができたことは意義深い。

　本書の刊行にあたり、先住民族の権利に関する国連特別報告者ビクトリア・タウリ・コープスさんから連帯のメッセージをいただいた。国連先住民族の権利専門家機構（EMRIP）元委員のアレクセィ・ツィカレフさんには、包括的な視点より先住民族の言語の権利について議論をしていただいた。国内からは、アイヌ語の継承にとりくんでおられる関根健司さんと関根摩耶さん、琉球諸語の継承や研究に携わっておられる新垣友子さん、石原昌英さん、波照間栄吉さん、さらに市民外交センターの永井文也さんに、それぞれ貴重で興味深い報告文や資料を寄稿いただいた。そして沖縄伝承話資料センター、萱野茂アイヌ二風谷資料館、アイヌ民族文化財団および北海道環境生活部アイヌ政策推進局、大阪人権博

物館に資料提供などでご協力をいただいた。この場を借りて心よりお礼を申しあげたい。

　本書を通して、アイヌ語そして琉球・沖縄諸語の現状と継承の重要性が一人でも多くの読者に伝わることを切に願っている。

　　2019 年 9 月　　　　　　　　　　　　　反差別国際運動（IMADR）

用語説明

先住民族の権利に関する国連宣言（United Nations Declaration on the Rights of Indigenous Peoples）：2007 年に国連総会において、賛成 144 カ国、反対 4 カ国、棄権 11 カ国の圧倒的多数で採択された。起草から採択まで、多くの先住民族の人びとが協議に参加し、粘り強く働きかけを行った。宣言では先住民族の文化、アイデンティティ、言語、雇用、健康、教育に対する権利などを規定しており、個人の権利だけでなく、集団としての権利を認めている。特に、自己決定権と先住民族に関係する事項について自由で事前の十分な情報に基づいた同意（FPIC 原則）を要求する権利を認め、意思決定に先住民族が効果的に参加できる国際人権法上の基盤を作った。

国連先住民族の権利に関する専門家機構（UN Expert Mechanism on the Rights of Indigenous Peoples）：国連は先住民族の権利の確立と実現のために大きな役割を果たしており、先住民族の権利を実現するために様々な機構も有している。先住民族の権利に関する専門家機構もその一つで、専門家によるリサーチを通じて専門的なアドバイスを提供することを目的としている。条約委員会などの審査機関とは違い、先住民族の権利に関する国連宣言の条文を分析し、先住民族の権利の実現を実現するために必要な建設的なアドバイスや支援を各国政府に対して行なっている。

目　次

はじめに ………………………………………………………………………　3

国際先住民族の言語年を祝う ……… ビクトリア・タウリ・コープス　6

世界地図で見る存続が危ぶまれる言語 …………………………………　10

日本にある危機言語 ………………………………………………………　12

国連先住民族の権利に関する専門家機構の考え方と活動

………………………………… アレクセイ・ツィカレフ　13

先住民族の言語の国際年（2019 年）　実施のための行動計画（抜粋）

………………………………………………………………………　23

ハワイ語復興運動の歩み ………………………………… 石原昌英　31

マオリ語復興の背景と展開 ……………………………… 永井文也　37

アイヌ語の現状と可能性 ………………………………… 関根健司　43

琉球諸語の行方 ──「方言」からの脱却── …………… 新垣友子　49

資料編

アイヌ民族の文化と歴史 ………………………………………………　61

カムイユカ゜　キツネのチャランケ …………………………………　71

沖縄にとっての琉球諸語の復興とは──私の琉球語経験の中から

………………………………………… 波照間永吉　75

人間の始まり ──カジマヤーの由来── ……………………………　81

執筆者紹介 …………………………………………………………………　90

国際先住民族の言語年を祝う
―― IMADR ブックレット刊行に寄せて

ビクトリア・タウリ・コープス
先住民族の権利に関する国連特別報告者

©UN Women-/Lauren Hermele

　先住民族の言語に対する権利に関して IMADR が刊行する、この重要なブックレットに序文を寄せることができて嬉しく思います。

　私は、先住民族の権利に関する国連特別報告者としての役割においても、またフィリピン出身の先住民族活動家としても、先住民族の言語が、世界中のすべての先住民族が有するはるかに幅広い一連の権利の実現にとって、基本的重要性を有することを見てきました。私は長年にわたって、先住民族言語を保護して支えることが、より幅広い社会の多様性と力強さに対して、それどころか人類の集団的文化遺産に対して不可欠な貢献を行なっていることを、先住民族以外の人々が認識するよう提唱しています。

　国連総会は、2007年9月、決議 61/295 を通じて「先住民族の権利に関する国際連合宣言」を採択しました。同宣言は、第13条、第14条および第16条で、先住民族が有するさまざまな権利のなかでも、先住民族が自らの歴史、言語および口承伝統を再活性化し、使用し、保護し、保全しかつ未来の世代へ受け継いでいく権利と、独自のメディアや教育制度を自分たちの言語で設立する権利をとくに認めています。

　そのおよそ10年前には、バルセロナで世界言語権宣言が採択され、世界で危険に瀕しているのは外部勢力に支配されている人々の言語であることや、これらの言語の発展を妨げ、他の言語による代用を加速している主要な要因には、自治の欠如、自国の政治・行政機構と言語を押し

つける国策の存在などがあることが認識されていました。

　2014 年の先住民族世界会議の際には、国連加盟国が、先住民族言語の保全および促進に対する具体的コミットメントを表明しています。この世界会議を受けて、国連総会は、2016 年 12 月 19 日の決議 71/178 で、2019 年を「先住民族の言語の国際年」とすることを宣言しました。この国際年を通じ、先住民族言語が失われることに関連する危険性についての意識が国際的に高まるとともに、国際社会が採択してきた、言語の促進・保護のための具体的規定を含む多くの基準設定手段が強化されることが期待されています。

　この国際年を祝うために国・地域レベルで進められている動きを見れば、言語権および文化権の尊重の問題を考える機が熟しているのは間違いありません。

　国連教育科学文化機関は、「先住民族の言語の国際年」のための行動計画を策定し、運営委員会も設置しました。

　私は、「先住民族の言語の国際年」運営委員会のひとりとして、行動計画の枠組みにおける国際年の全般的実施に関する指針を示すべく奮闘しています。これには、財源の動員を援助することや、先住民族による取り組みの開始を支援することも含まれます。国際年の終了時には、運営委員会の監督のもと、国連に対する報告が行なわれることになります。

　先住民族言語は、人権の享受のために必要であると同時に、先住民族が有する豊かな言語的・文化的遺産の一部でもあります。世界中で少なくとも 90 か国に先住民族コミュニティが存在しており、約 3 億 7,000 万人の先住民族が少なくとも 7,000 の先住民族言語を話しています。

　先住民族言語は、先住民族が表現および良心の自由を行使することを可能にするものであり、人間の尊厳および文化的・政治的自己決定と緊密に関連しています。先住民族言語は、先住民族コミュニティが有する伝統的知識の叡智（環境に関する専門的知見を含む）を保全し、発展させ

かつ受け継いでいくための、また文化横断的コミュニケーションを進めていくための、手段でもあります。

自分たちの言語がいまなお実際に話され、先住民族の価値観（互恵性、自然との調和、隣人との連帯および共同性）とともに若い世代に受け継がれていくようにしていくうえで先住民族の女性たちが果たしてきた役割は、とくに認知されなければなりません。女性たち自身、自分たちの伝統的な文化、知識体系および言語は独自の民族としてのアイデンティティの基盤であるので、維持され、受け継がれていかなければならないと考えています。関連して、先住民族言語の保全と異文化間対話の推進は、持続可能な開発、和解、グッド・ガバナンス、平和構築など、国際連合が掲げるより幅広い目標を実現するための鍵でもあります。

これらの先住民族言語の多く（少なくとも 2,680 言語）が危機に瀕しており、そのなかには完全に消失する途上にある言語もあります。先住民族の言語と知識体制を保護し、再活性化させるため、これ以上遅れることなくあらゆる必要な措置をとるべきです。

しかし、各国政府がとっている歴史的アプローチと、国および国以外の主体の両方が先住民族言語の話者に対して行なっている継続的差別のいずれもが、先住民族言語に対する、それどころか先住民族の文化的・身体的統合性に対する、主要な脅威であり続けています。

私はこの機会を捉えて、言語は法的基準によって認められている権利であり、特権などではないことを強調したいと思います。

先住民族言語の保護・促進のため、先住民族自身の実効的参加を得ながら、地方および国のレベルで法律、政策その他の戦略が整備されなければなりません。これらの文書では、二言語教育・母語教育のための十分かつ持続的な支援、先住民族言語による従来型メディアとデジタルメディアの促進、先住民族に関する多数派住民の意識増進について定めておくべきです。保健、雇用、司法その他の公共サービスは、サイバー空間やインターネット等も通じて、先住民族の言語で利用できなければなりません。

私は、先住民族の権利の促進に関わる他の国連関係機関とともに、「先住民族の言語の 10 年」を呼びかけてきました。これは、先住民族言語が破壊されてきた歴史を反転させ、先住民族および国際社会双方の未来のために、これらの言語を取り戻すために、必要な時間と資源の提供を目的とするものです。

　IMADR によるこのブックレットは、アイヌ民族を公式に先住民族と認める新法が日本で採択されたのと時期を同じくして発行されるものでもあります。アイヌ民族のさまざまな権利の全面的な尊重、充足および保護のためには多くの課題が残されているとはいえ、この法律の採択はアイヌ民族がずっと求めてきた重要な一歩です。私は、国内外の先住民族の状況が日本社会でいっそう知られるようにするために、また自己の言語に対する先住民族の権利にとくに光を当てるために、IMADR が行なってきた努力を歓迎します。この権利は、日本のみならず世界中の先住民族の文化的遺産と、彼らの日常生活のほぼあらゆる側面の統合性にとって、きわめて本質的な重要なものなのです。

翻訳：平野裕二

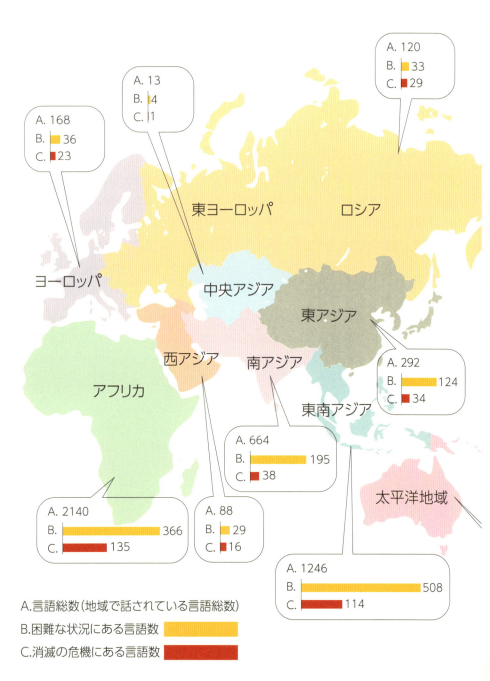

世界地図で見る存続が危ぶまれる言語

出所:Ethnologue

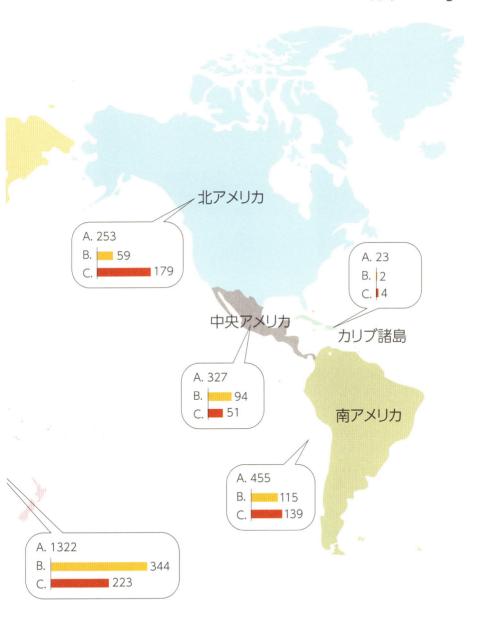

世界地図で見る存続が危ぶまれる言語　11

日本にある危機言語
~ユネスコ・消滅の危機にある言語の世界地図より~

限定的な危機的状態＜definitely endangered＞
子どもたちが家庭でその言語を母語として学ばない。

かなり危機的状態＜severely endangered＞
祖父母世代またはその上の世代によって言語が話されており、親世代もそれを理解するかもしれないが、親世代が相互の間でまたは子ども世代に対してその言語を話さない。

非常に危機的状態＜critically endangered＞
もっとも若い話者が祖父母世代またはその上の世代で、彼らも部分的にしか、あるいはたまにしかその言語を話さない。

注：「世界地図で見る存続が危ぶまれる言語」（出所Ethnologue、10ページ）と「日本にある危機言語」（出所 UNESCO、本ページ）では言語存続の危険レベルの評価が異なっています。

国連先住民族の権利に関する専門家機構の考え方と活動
──先住民族の言語の権利を中心に

アレクセイ・ツィカレフ　元国連先住民族の権利に関する専門家機構委員

はじめに

　ここ数十年、世界の先住民族は、個人的および集団的権利保護におい
て大きな飛躍を遂げてきた。先住民族運動の指導者たちの粘り強い努力
が、徐々に植民地支配の後遺症を乗り越え、最も弱い立場に置かれた人
びとに対する国際社会の責任を認識していくことを可能にしたのであ
る。先住民族は、その自然とのつながりと伝統的知識をもって、数世紀
にわたりこの惑星の文化・自然の多様性を保持し、保護してきた。今
は、先住民族コミュニティがそのアイデンティティ、言語、健康、そし
て伝統的生活様式を保持できるよう、人類全体が支援するべき時であ
る。

　先住民族の権利に関する専門家機構（EMRIP）は、国連内にある先住
民族に関する機関（先住民問題に関する常設フォーラムと先住民族の権利
に関する特別報告者）では最も新しいが、すでに多くの先住民族コミュ
ニティがこの機構に希望を託している。EMRIP の誕生は、2007 年の
「先住民族の権利に関する国際連合宣言」採択に明確に由来している。
この国際文書は、その法的性質において法的拘束力はないが、具体的な
先住民族の文脈に大多数の国が義務として認めている既存の国際人権を
入れた。同宣言は、先住民族の権利の集団的な側面を、その伝統的生活

様式や母なる大地への特別かつ緊密なつながりのために、生存に必要な権利として取り上げている。よって、この国際文書は、各国が順守を公約している人権の中で、先住民族の人権について最低限守られるべき基準を設定している。

先住民族の言語は人権である

　専門家機構の手がけた最初の研究の一つは、先住民族の権利の促進と保護において言語と文化の果たす役割についてであり、同研究は5年後、2019年国際先住民族言語年の行動計画の基礎を構築する主要文書の一つとなった。この研究は、「先住民族は、自らの歴史、言語、口承伝統、哲学、表記方法および文学を再活性化し、使用し、発展させ、そして未来の世代に伝達する権利を有する[1]」とした先住民族の権利に関する国際連合宣言13条に基づいている。

　先住民族の文化および言語は、先住民族の集団として、そして個人としてのアイデンティティの中心的かつ主要な特性であるとEMRIPは考えている。先住民族が言語生存の基本的な責任を負うと定義づけつつ、EMRIPの専門家たちは、国家にも先住民族の言語の促進と消滅からの保護の義務があると確認している。これは、教育手段、識字教材、学生自身の言語による正書法の確保を支援するための十分な資金の提供を含む。EMRIPの研究によれば、国家はまた、「先住民族による、先住民族のための適切なプログラムを開発・実施する目的において、（中略）伝統的ならびに正規教育を支援する国内法および政策枠組みを制定」するべきである。国家はまた、「先住民族の言語および文化に関する法や政策を策定し実施する際、先住民族の自由で事前の十分な情報を得た上での合意を得」なくてはならない。

　もう一つのEMRIPの最新の報告書『先住民族の権利に関する国際連合宣言実施のための諸努力：認識、賠償、和解』は、「先住民族言語の認識は、先住民族の認識のもう一つの重要な要素であり、国際先住民族

言語年の枠組みの中でより大きな注目を集めている[2]」としている。同報告書にはまた、憲法ならびに法律における先住民族言語の認識、ならびに、土地や教育に対する権利など他の権利とのつながりへの認識に関するいくつかの実例が含まれている。

　平和、和解、ならびに持続可能な開発にとっての先住民族言語の大きな重要性を理解し、言語に対する人権に基づくアプローチの適用を確保する努力として、EMRIP は、国際先住民族言語年を「国家ならびに先住民族が、これまでの多数の国家による先住民族の言語の禁止を含み、言語に対する権利の分野における不正義を正し、これまで不可能または時期がふさわしくないと思われていた保護と再活性化政策の実施に着手する機会」と宣言することを提案する声に加わった[3]。

　潘基文前国際連合事務総長は、国際社会に対して繰り返し、2 週間に1 つの言語が消滅しているという危機的な言語の喪失について警鐘を鳴らした。この流れは、世界中で話されている 6700 の言語の実に 40 パーセントを消滅の危機に直面させている。この状況をもたらしている原因はグローバリゼーションだけではない。何よりも最大の要因は、植民地大国による植民地政策と標的を定めた同化政策の後遺症である。これら政策がもたらした世代を超えたトラウマは、先住民族コミュニティと当局の間の不信感につながり、また先住民族自身の言語の活力と強靱さへの自信を深刻に傷つけてきた。歴史的抑圧を経て和解するには、真実が発見され、認識され、言語の保持と発展のための双方からの投資が合意されなくてはならない。専門家機構は、諸言語の再活性化のためには、国家は少なくともそれらを破壊するために投じられた資金と同程度の資金を、投資するべきであると確信している。

　和解プロセスの良い例で最も知られたものの一つは、カナダの「インディアン寄宿学校」制度の歴史と、それが先住民族の生徒ならびにその家族に与えた長期的影響を記録するため 2008 年に設立された、「カナダ真実和解委員会」である。2015 年 6 月、同委員会は、調査結果の概要

を、カナダ人と先住民族の和解に関する 94 の「行動への呼びかけ」とともに発表した。委員会は、寄宿学校の子どもたちは母語での会話や文化的慣習の実践を禁じられていたことを明らかにした。これは部分的には英語の使用を促進するためであったが、同時に、子どもたちを非先住民族社会に同化させるための政府の取り組みでもあった。上記の行動呼びかけは、子どもたちに先住民族の言語による教育の資金を増やすこと、また、中等教育後の教育機関が先住民族言語での学位や卒業資格を提供することを求めている。国際的な注目を集めたカナダ国内でのこのプロセスは、カナダ政府の公式謝罪につながり、さらに同国内における先住民族に関する法律の改正プロセスのきっかけとなった。特に、2019年 6 月、カナダ政府は、新たな先住民族言語法を採択し、連邦政府先住民族言語オンブズマン事務所を設立した。

　残念ながら、世界には先住民族およびその言語が認識されておらず、対象を絞った先住民族言語政策が存在しない国はいまだに多くある。しかしながら、先住民族の認識を求める運動は世界の多くの場所で前進している。最近では、日本でアイヌ民族を先住民族と認める法律が制定された。とはいえアイヌ民族の代表者たちは、この法律には過去の人権侵害への言及がないため、それ自体で先住民族への認識、賠償そして和解への努力とはいえないとしている[4]。しかしながら、この法律による認識は、さらなる対話—その対話では国連の人権専門家の支援を求めることもできる—のための有効な基盤である。

　先住民族言語にかかわる対話と和解を育てるためには、各主体は、害を及ぼす可能性のあるステレオタイプに基づいたアプローチを放棄すべきである。第一に、国家および国際機関が、言語を文化遺産の一部としてしか扱わないということは非常によくある。最近更新された先住民族と関わるための UNESCO の方針は、先住民族言語について「彼・彼女らの無形文化遺産の媒体[5]」として言及している。言語と文化が切っても切れないことは反論の余地がないが、それを伝統的なパフォーマンスや文化的行事の文脈のみでとらえてはならない。言語は、コミュニケー

ションや知識の伝達の手段であり、人権である。

　もう一つの極端な例は言語を国家安全保障の文脈でとらえ、言語コミュニティに法的規制を課すことである。多くの国における、いわゆる「政治的な国家建設政策」は、実際には先住民族言語がどのように教えられ、どこでなら話すことができ、使用できるかを先住民族に代わって決定しようとする、新植民地主義的試みである。言語に関する過剰に規制された標準フレームワークは、先住民族による独自の教育システムへの余地や柔軟性をほとんど許さない。これらの取り組みは、しばしば国による国民の福利保障、分離の防止、または社会における平等の促進と説明される。

　策定段階で先住民族の参加がない、または参加が限られた状態での政策導入は、その政策の機能不全につながり、やがては当該言語への打撃と決定的に重要な時機の喪失をもたらす。自由で事前で十分な情報を得た上での合意の原則の適用は、法律、政策あるいは行動計画の有効性のための鍵である。先住民族の完全な参加を得てよく計画された政策は、再生、再活性化、維持あるいは促進の各段階においてどの手法が最も有効であるかを決定する。国家と先住民族の誠実な協働は、先住民族言語を可視化し、強靱にし、それらの言語を話すことへの尊敬を回復させる。先住民族は自らの言語を保持する方法について知識を持っており、国家は、言語コミュニティや言語活動家の能力強化を含み、先住民族が行うことを支援し奨励する資源を持っている。

　上記に挙げた問題の多くは、UNESCO と国際先住民族言語年実行委員会のリーダーシップのもと作成された「国際先住民族言語年行動計画の優先課題」で取り上げられている。すなわち、理解、和解そして国際協力の強化、先住民族言語に関する優れた実践例の知識共有と普及、先住民族言語を種々の基準に取り入れること、能力強化によるエンパワメント、新たな知識の精緻化による成長と発展、である。

言語再活性化への取り組み

　多くの先住民族言語は、UNESCO の『消滅の危機にある言語の世界地図』において、「重大な危機」または「極めて深刻な危険」にある。これらのケースは、緊急な再活性化の手立てを必要としている。最も有効な手段の一つである保育園で完全な「言葉の巣に浸す」という手法は、アオテアロア・ニュージーランドのマオリ族コミュニティの中で生まれ、ハワイ、北欧諸国そしてロシアまで広がった。「言葉の巣」は、バイリンガル教育を促進し、比較的短期間に新たな世代のネイティブ話者を育成する。

　現存する唯一のカレリア語の「言葉の巣」は、「カレリア語の家」によって運営されている。この「巣」は、ロシア語への通訳なしのカレリア語で指導されること以外は通常の幼稚園に似ている。スタッフは、「巣」固有の教育手法を用いて子どもたちが言葉を習うのを助けている。「巣」のグループは小さいので、一人ひとりの子どもに個別に対応できる。次なる課題は、ロシア語の学校で学ぶ間、子どもたちがカレリア語の能力を失わずに維持することになる。このことを念頭に、「カレリア語の家」は情報提供と教育事業を実施し、家族や地域コミュニティの人びとが言語の知識を深め、「言葉の巣」を卒園した子どもたちにカレリア語で話すよう奨励している[6]。

　「言葉の巣」は定住コミュニティに役立つ一方、遊牧の先住民族コミュニティには、その文化に対応したほかのモデルが必要になるだろう。寄宿学校制度の苦い経験をもつロシア政府は、子どもたちを家族から引き離さず、心身の健康を脅かすことなく教育へのアクセスを確保する移動式学校手法を導入した。この手法はまた、伝統的職業を通じた先住民族の言語と文化の保持も可能にする。この教育実践は、北極圏の環境に住み、ツンドラ地域でトナカイを飼育している諸先住民族にとって適切かもしれない[7]。

　当局やコミュニティによって運営される正規の教育プログラムは非常

に重要であり、言語教育に安定をもたらす一方で、多くの先住民族言語の活動家もまた、言語の保護と発展に大きく貢献している。さらに、コミュニティが主導する言語アクティビズムは、言語の持続可能性と発展の柱である。先住民族言語、ここではカレリア語を、手芸品作り、料理、村の合唱隊、地域のアマチュア劇場などで使うことで、教育活動や社会活動を通じて話し学ぶよう促進するのが近年の環境である。このプロジェクトは、年長世代のカレリア人とともにほとんど消失してしまった伝統的知識を再生させ、地域の歴史を保持し、カレリア人アイデンティティを強化し、新しい形の社会的交流を試みるという、新たなニーズに応えるものである。これらの動きは地域コミュニティにおいてますます大きな支持を得、「カレリア語の家」に訪問者や観光客の関心が集まっている。このようなプロジェクトは、正規教育と正規ではないコミュニティに根差した活動との間におけるバランスと相互協力を確保している。

　先住民族言語の生存と発展には、その言語が教育制度、行政、ならびにメディアで使用されることが重要である。現代においては、それに加えてサイバー空間でも存在する必要がある。まだ独自の書式や筆記システムを持たない先住民族の言語もある一方、インターネットや情報技術の中で活発に使用されてきた言語もある。ロシア・コミ共和国の革新的言語技術センターは、ロシアの多くの先住民族言語のデジタル化や文書化に貢献している。viii もう一つの例は、ロシア・カレリア共和国における、カレリア人、ヴェプス人そしてフィン人の言語資源メディアセンターである。出版社の中に作られたこのセンターは、ジャーナリスト、研究者そして活動家を、先住民族の文化、メディア、デジタル言語技術、あるいは言語の現代化の取り組みなどへの支援のために一つにつなぎ合わせている。

　前述のように、能力強化とコミュニティのエンパワメントは、国際先住民族言語年の優先課題の一つである。バルト海地域の7つの先住民族非政府組織が、先住民族言語の保護と再活性化のための市民社会ネット

ワーク「SANA2019」を設立した。SANA2019 のチームは、学校であれ NGO であれ、単独で消滅の危機にある言語の再活性化の責任を負うべきではないと考えている。それは、政策策定者と教育者と市民社会の連携した協働によってのみ実現可能である。この立場は、SANA2019 が開催した「言語アクティビズム・フォーラム」の参加者の議論を通して生まれ、一連の具体的な提言に置き換えられた。これらの提言は、言語活動をどのように促進し、正規の教育機関、文化施設、国家機関ならびにその他の利害関係者のそれぞれの課題との相互関係をいかに確保するかを概説している。先住民族言語の保護は、地域レベル―先住民族の暮らす土地―における楽観がなければ不可能だろう。ネットワークは、先住民族言語活動家や組織にトレーニングや小規模な財政支援を提供し、その先進的な取り組みを国際的に宣伝し、思いを同じくする世界中の人との協力を可能にすることで、地域における楽観の強化に貢献した。

結論：国際先住民族言語年の付加価値

国際先住民族言語年のこれまでの成果は、先住民族言語にかかわる認識と和解の可能性があることを示している。さまざまな国で、国内実行委員会や対策本部が作られ、国内や地域レベルの行動計画が決定されたり実施されている。世界の先住民コミュニティは、危機にありながらもまだ生きている言語を守る最良の方法を探して、互いに、また政府当局と協力し始めた。先住民族言語の指導とコミュニティの能力構築に割り当てられる資源が増加してきた。一部の国では、先住民族の専門家や意思決定者の参加を得て、言語政策を拡大し、新しく、より効果的な言語保護戦略を協議する動きが生じている。言語に関する草の根の活動家たちによってなされている重要な活動は、支持され、認識されている。

国連先住民族言語年は、先住民族言語の保持の必要性に対して国際社会の関心を呼び起こした。すべての大陸で、国際、地域、国、および地

元レベルでのイベントが何百回と行われており、先住民族や専門家たちが行動を呼びかけ、国際年の終了後もこの動きを継続させる方法を見つけようとしている。国際年の開始を記念する国連総会のハイレベル会合では、ボリビアのエヴォ・モラレス大統領が、現代の民主主義にとって先住民族言語が非常に大切であると発言した。アジア、北米、北極地域における地域会議の結果文書であるヴィクトリア宣言ならびにユエル宣言には、パラダイムを転換し、言語の人権としての性質をすべてのレベルで認識することを求める呼びかけが含まれている。そこには、先住民族の自由で事前で十分な情報に基づく合意への完全な尊重と、言語を保護するための法的拘束力を持つ国際文書のニーズの可能性が含まれている。

　EMRIP の提案を受け、国連人権理事会は今秋の通常会期にて、先住民族言語に関する半日のハイレベル・パネルディスカッションを実施する。カレンダーにはまだ多くのイベントが残っているとはいえ、国際年の終了はあっという間にやってくる。この問題に 12 か月だけ関心を向けるだけで十分だろうか？　私たちのやりたいことのすべてをやり終える時間はあるだろうか？　この勢いに乗って、今年の成果と動力を基に取り組みを続けるべきだろうか？　世界先住民族国際デーに、専門家機構は、国連における他の先住民族に特化した諸機関、すなわち先住民族問題に関する常設フォーラム、先住民族の権利に関する特別報告者そして先住民族のための任意基金と合同で、各国政府に対して世界の先住民族言語のための 10 年を宣言するよう呼びかけた。これが実現すれば、私たち皆に先住民族言語を支えるための時間がもう少しでき、先住民族言語の生存可能性を高めることになるだろう。

翻訳：小笠原純恵

1 市民外交センター仮訳　https://www.un.org/esa/socdev/unpfii/documents/DRIPS_japanese.pdf

2 https://www.undocs.org/a/hrc/emrip/2019/3

3 国際先住民族言語年の開始を祝う EMRIP の声明

4 https://www.undocs.org/a/hrc/emrip/2019/3

5 https://unesdoc.unesco.org/ark:/48223/pf0000258772

6 http://sana2019.ee/en/nest

7 K. Carpenter と A. Tsykarev 共著, (Indigenous) Language as a Human Right〈人権としての（先住民族）言語〉,
24 UCLA Journal International Law & Foreign Affairs (forthcoming 2019)

先住民族の言語の国際年(2019 年)実施のための行動計画

（一部抜粋日本語訳）
2018 年 2 月 21 日
国連文書番号　E/C.19/2018/8
（注：文頭の番号は段落番号）

要　旨

　先住民族の権利に関する決議（71/178）に於いて、国連総会は 2019 年を先住民族の言語の国際年とすることを宣言した。この決定は先住民問題に関する常設フォーラムの勧告に基づくものである。総会決議は国連教育科学文化機関（以下、ユネスコ）に対し、この国際年に関する国連の主導機関として活動することを求めた。

　本行動計画の目的は、決議（71/178）の実施のための基礎を築くことである。この行動計画は、先住民族の言語の国際年の主要な目的を達成するために国連の諸機関、各国政府、先住民族の団体、より幅広い市民社会、学界、民間部門および関心のあるその他の主体が取るべき行動と手段について概説している。行動計画が目指すのは、加盟国の支援のもと国際連合の諸制度を関与させる等の手段により、先住民族の権利に関する国際連合宣言で示されているように、世界中で先住民族の権利の実現に寄与することである。

　決議（71/178）に従ってユネスコは、関心のある加盟国の代表、先住民族、国連諸機関、専門の研究者、市民社会組織およびその他の官民の

主体との詳細でオープンな協議を通じて、行動計画の策定を進めてきた。国際年は、国際的な関心または懸念の対象である特定のトピックやテーマに関する意識啓発を図り、世界中で協調のとれた行動をとるためにさまざまな参加者を動員するための、重要な国際協力の仕組みのひとつである。

I 序論

A 背景

1　言語は、アイデンティティ、文化的多様性、精神性、コミュニケーション、社会的統合、教育および開発にとって複雑な意味合いを有しており、人びとにとって、またこの地球という惑星にとって、極めて重要なものである。人びとは、自らの歴史、伝統、記憶、伝統的知識、独自の思考様式、意味および表現を言語に埋め込むが、それだけではなく、そしてそれ以上に重要なことに、言語を通じて未来も築いていくのである。

2　言語は人権と基本的な自由の根幹を構成する要素のひとつであり、持続可能な開発、グッド・ガバナンス、平和および和解を実にとって本質的重要性を有する。人が自ら選んだ言語を使用する自由は、世界人権宣言に掲げられた思想の自由、意見および表現の自由、教育・情報へのアクセス、雇用その他の価値のための前提条件である。

3　言語の多様性は、文化的なアイデンティティと多様性の促進や異文化間の対話に貢献する。言語の多様性はまた、万人のための質の高い教育を達成するために、包摂的な知識社会を築くために、そして文化遺産・記録遺産の保全のためにも同様に重要である。さらに、言語の多様性は先住民族の知識が世代を超えて継続的に受け継がれていくことを確保するものでもあり、これは世界的な課題への対処においてきわめて重要な意味を持つ。

4　その計り知れないほどの価値にもかかわらず、世界中の言語が憂慮

すべき速さで消滅し続けている。これは深刻に懸念すべきことである。先住民問題に関する常設フォーラムによると、2016年時点で話されていた推計6700の言語のうち40%もの言語が消滅の危機にあった。その多くが先住民族の言語であることから、これらの言語が属する先住民族の文化と知識体系は危機にさらされている。また、先住民族言語の話者の多くは他の言語を一つまたは複数使用しているため、先住民族の言語がそれほど不可欠なものではなくなることから、消滅の危機はいっそう高まる。

5　先住民族の言語はまた、数千年に渡って発展し、蓄積されてきた複雑な知識体系を表象するものでもある。実際のところ、地域言語はある種の文化財である。これらの言語は多様性の宝庫であり、環境を理解するためにも、地域住民および人類全体にとって最も有益な形でその環境を活用するためにも鍵となる資源を蓄えている。地域言語は、数千年という期間をくぐり抜けてきた地域の文化的特異性、慣習および価値を醸成・促進するものである。

6　先住民族の言語は、その一つひとつが、世界を理解するための固有の体系と枠組みを表象している。特有の生態学的、経済的または社会文化的重要性があるトピックをめぐって精巧な語彙体系が構築される。知識はしばしば特定の単語によって捉えられまたは記号化されるものなので、異なる言語間で簡単に伝達できるものではない。よって、ある一つの先住民族言語が失われるということは、人間生活の向上と持続的な開発のために活用し得た極めて重要な知識の消滅を意味することになりかねない。結果として、一つの言語の消滅は関係する先住民族の文化に対しても、世界的な文化的多様性に対しても甚大な悪影響が生じることを意味するのである。世界を知り、経験する特有のあり方が永遠に失われてしまう可能性がある。

7　言語が消滅の危機に陥っている理由はコミュニティや場所によって様々だが、そのいずれもが先住民族にとっての途方もない課題の表れである—その理由が同化であれ、強制的移住であれ、教育面での不利益で

あれ、非識字であれ、移住であれ、その他の形態で表れる差別であれ、やがては1つの文化または言語が消滅同然の状態にまで弱体化してしまうことにつながる可能性をもたらす。実際問題、親や年配者がもはや先住民族の言語を子どもたちに伝えようとせず、先住民族の言語が日常的に使用されなくなってしまう可能性もある。

8　先住民族の言語をめぐる諸問題は、横断的に存在する重大な不利益と差別のパターンを明らかにするものである。このパターンは、政治、法と正義、健康、文化的慣習およびアイデンティティ、生物圏、そして情報・コミュニケーション手段へのアクセスを含む言語以外の幅広い分野に、したがって科学的取り組みの分野全体に影響を与えるものである。

9　2019年に先住民族の言語の国際年を祝うことは、先住民族の権利に関する国際連合宣言、国際労働機関・独立国における先住民および種族民に関する条約（1989年、第169号条約）、2014年に開催された先住民族世界会議の成果文書、ユネスコの諸条約・勧告を含むその他の関連文書に掲げられた目標の実現に寄与することになろう。また、あらゆる関連の主体、国際連合、加盟国および先住民族が、他の関連する国連の枠組みと並んで「持続可能な開発のための2030アジェンダ」および「先住民族の権利に関する国連システム全体行動計画」を達成することに向けて、また「アジェンダ2063：我々の望むアフリカ」に掲げられたアフリカ連合の全般的ビジョンを実現することに向けて行っている貢献を強化することにもつながるはずである。

10　2019年の先住民族の言語の国際年は更に、国際社会が採用してきた基準設定手段の多く、特に言語を促進・保護するための具体的規定を確固たるものとし、強化していくことにも寄与するはずである。このような手段には、教育における差別を禁止する条約（1960年）、あらゆる形態の人種差別の撤廃に関する条約（1965年）、市民的および政治的権利に関する国際規約（1966年）、経済的、社会的および文化的権利に関する国際規約（1966年）、世界の文化遺産および自然遺産の保護に関す

る条約（1972年）、子どもの権利に関する条約（1989年）、生物の多様性に関する条約（1992年）、プンタ・デル・エステ宣言（1999年）、文化的多様性に関する世界宣言およびその行動計画（2001年）、無形文化遺産の保護に関する条約（2003年）、多言語主義の促進および使用ならびにサイバースペースへの普遍的アクセスに関する勧告（2003年）、文化的表現の多様性の保護および促進に関する条約（2005年）、障害のある人の権利に関する条約（2006年）、アフリカ文化復興憲章（2006年）、体育、身体活動およびスポーツに関する国際憲章（2015年）が含まれる。

B　行動計画の目的

11　ここで提案されている行動計画は、総会決議 71/178 を実施し、かつ国連文書に掲げられたその他の勧告（常設フォーラムの勧告を含む）の実施に寄与することを目的とするものである。行動計画は、先住民族の言語とその話者との関連で肯定的影響を最大化し、かつ社会的変化を達成するために、首尾一貫したアプローチおよびすべてのステークホルダーによる協調的な共同行動を呼びかけている。

12　国際年が宣言された後、常設フォーラムは、その第16会期（E/2017/43 参照）において、加盟国に対し、先住民族、ユネスコおよび他の関連の国連機関と緊密に協力しながら国際年の計画策定に積極的に参加し、かつ総合的な行動計画を作成するよう勧奨した。行動計画は、すべての国連公用語に翻訳され、公的協議のために常設フォーラムが指定したウェブサイトで公開され、かつ 2018 年 4 月の常設フォーラム第17 会期に提出される。

13　国連人権理事会は、決議（36/14）において、国連総会による国際年の宣言を歓迎するとともに、加盟国に対し、積極的に参加すること、および、自己の言語を保全しかつ発展させる先住民族の権利の促進および保護のための措置をとるなどの手段により国際年の精神を支持することを奨励した。

14　ユネスコは、行動計画の作成のため、国連事務局経済社会局の指導

先住民族の言語の国際年（2019年）実施のための行動計画　27

のもと、関心のある加盟国、先住民族、国連諸機関・基金・プログラム
の代表、先住民族に具体的に関係するマンデートを持つ国連の3機関お
よび他の関連のステークホルダーとの開かれた協議を実施してきた。

15　この行動計画は、国際年の最中およびその後における主要な目標、
原則および取るべき行動について包括的に概観するものである。行動計
画では、計測可能な目標が設定されるとともに、言語の国際年（2008年）
に関する国連の主導機関であったユネスコのマンデートと経験に基づい
て計画されている活動に関する情報がすべてのステークホルダーに提供
される。

16　行動計画は、国際年の期間中に生じる可能性がある新たな機会や課
題に対応できるように柔軟なものとなり、今後2年間（2018 ～ 2020年）
に達成すべき主要な成果が概観される。

C　行動計画の主要原則

17　行動計画草案は、協議の過程で特定された以下の原則に基づくもの
である：

・**先住民族の中心性**（「私たちのためのことを私たち抜きで決めるな」）。こ
　れは、自己決定の原則と、先住民族の洞察や価値を反映する言語なら
　びにその知識体系および文化を発展させ、復興し、かつ未来の世代に
　受け継いでいく潜在的可能性を踏まえたものである。

・**国際的な規範的文書と基準の遵守**。特に、先住民族の生存、尊厳およ
　び幸福のための最低基準である先住民族の権利に関する国際連合宣言
　の諸規定を考慮する。

・**国連システム全体を通じた効率的かつ一貫した対応の強化の精神に
　基づく共同行動「一体的対応（Delivering as one）」**。この行動は、常
　設フォーラム、先住民族の権利に関する特別報告者、先住民族の権利
　に関する専門家機構その他のステークホルダーとのパートナーシップ
　に基づき、かつ先住民族の権利に関する国連の規範上・活動上のマン
　デートを統合しながら、国連のカントリーチーム（UNCT）とも協働

しながら進めるものとする。

・**あらゆるレベルにおけるマルチステークホルダー・パートナーシップの強みの活用・強化**。その目的は、相乗効果、十分な対応およびリーダーシップを促進することにある。

・**プログラム策定に関する諸原則を指針とした包括的アプローチ**。これらの原則（特に人権を基盤とするアプローチおよび関連して定められている法的枠組み）は国連がプロジェクトを実施する際の土台となっているものである。このアプローチは、文化的感受性、ジェンダー平等、障害のある人の包摂性、および、能力構築と環境の持続可能性の双方を奨励するパラダイムを包含している。

・**さまざまな国際的開発枠組み間の相乗効果**と、持続可能な開発、和解および平和構築に関連する文書間の相乗効果。これらの枠組みおよび文書には、また「アジェンダ 2030」と持続可能な開発目標、「教育 2030 行動枠組み」、気候変動に関する国際連合枠組条約、「ニュー・アーバン・アジェンダ」、アフリカ文化復興憲章（2006 年）、「アフリカにおける文化的・創造的産業に関する行動計画」（2008 年）、「アジェンダ 2063」、世界情報社会サミットの成果（ジュネーブ行動計画、チュニス・コミットメント、および、世界情報社会サミット成果実施状況レビューに関する公開協議プロセスのその他の文書を含む）、「仙台防災枠組 2015-2030」、「小島嶼開発途上国行動計画モダリティ推進（SAMOA）への道」、「後発開発途上国のための行動計画 2011-2020」、「生物多様性戦略計画 2011-2020」（愛知多様性ターゲット、特に伝統的知識に関するターゲット 18 を含む）、ならびに、その他の計画および戦略の多国間プロセスおよび実施が含まれる。

・**成果重視型マネジメント**。そこでは、肯定的影響を最大化するための行動や介入が優先される。

監訳：平野裕二

翻訳：阿部　藹

編集追記：これは、UNESCO が 2018 年 2 月に発表した「2019 年先住民族の言語の国際年実施のための行動計画」から抜粋した一部の日本語訳である。原文（英語）は 3 部構成で、I. 序論、II. 基本的な枠組み、そして III. 行動計画の要素からなる。本書では、先住民族の言語の国際年の主旨をご理解いただくために、I. の序論だけを全訳した。行動計画については、III. において詳述されているが、ここでは提唱されている 5 つの主要な領域のタイトルのみ以下に紹介をする。

領域 1　　理解、和解及び国際協力の促進
領域 2　　先住民族の言語に関する知識の共有や好事例の普及にとって好ましい環境作り
領域 3　　基準設定への先住民族の言語の融合
領域 4　　能力育成を通じたエンパワーメント
領域 5　　新しい知識の精密な構築を通じた成長と開発

ハワイ語復興運動の歩み

石原昌英　琉球大学国際地域創造学部 教授

はじめに

　ハワイ語に *I ka ʻōlelo ke ola, i ka ʻōlelo ka make* ということわざがある。「ことばに生命があり、ことばに死がある」と訳すことができるようだ。ハワイ州において3・4歳児にハワイ語イマージョン教育を行っている団体「アハ・プーナナ・レオ[1]」は、このことわざを「ハワイ語にハワイ民族の生命があり、ハワイ語がなければハワイ民族は滅びてしまう」(筆者訳) と独自の解釈 (訳) をしている[2]。

　20世紀後半にはハワイ語は消滅の危機にあった。まさに、ハワイ民族はハワイ語とともに滅びようとしていた[3]。1970年代に起こったハワイアン・ルネサンスの一環としてハワイ語復興に向けた活動が始まったが、ハワイ語は復活の途上にあり、ハワイ語は先住民族の言語復興の成功事例として知られている。本稿では、ハワイ語復興がどのように進展したのかについて述べる。

ハワイ大学とハワイ語復興

　アハ・プーナナ・レオが公開している資料[4]などを参照し、ハワイ大学のハワイ語復興への貢献について述べる。ハワイ大学 (マノア校) で

は、1972 年には、全学年でハワイ語が教えられていて、何百名もの学生が受講した。当時、同校でハワイ語を教えていたラリー・リンゼイ・キムラ[5] は、ハワイ語母語話者の祖母たちが話すハワイ語を聞いて育ったのでハワイ語に堪能であった。ハワイ人学生たちの勧めもあり、ハワイ語母語話者にハワイ語でインタビューするという週 1 回のラジオ番組を始めたが、彼の予想以上の人気がでた[6]。番組はハワイ語を学ぶ学生にとり「生きた教材」となった。また、1970 年に 4 年制大学となったヒロ校でも、学生たちが全学年でハワイ語が教えられることを要求した。マノア校では、学生の要求に応えるかたちで 1976 年にハワイ語とハワイ研究の二つの学士プログラムを開設した。また、ヒロ校では 1982 年にハワイ語で教育するハワイ研究プログラムが開設され、1997 年にはハワイ語学部が設立された。

マノア校のハワイ研究はハワイの歴史や政治に焦点があてられ、ヒロ校のハワイ研究はハワイ語・ハワイ文化に焦点があてられた。そのため、ハワイ語復興についてはヒロ校（ハワイ語学部）の貢献度が高い。ハワイ大学ヒロ校のハワイ語学部は学士課程から博士課程まであり、学生によっては 10 年近くハワイ語による授業を受け、レポートや論文をハワイ語で書くことになる。同学部は次節で述べる学校教育においてハワイ語を教える教員の養成を行い、カリキュラム開発も行っている。

保育園・幼稚園・初等中等教育におけるハワイ語による教育

米国では幼稚園から高校までの 13 年間（K-12 と呼ばれる）が義務教育の対象である。本節では、幼稚園の前のレベル（3・4 歳児向けの保育園）から K-12 の段階でのハワイ語教育について述べる[7]。

ハワイ語復興を目指し、子どもたちをハワイ語話者にする取組は 1983 年に始まった。キムラを含めた 7 名のハワイ語教員はカウアイ島で集まり、幼稚園入学前の子どもたちにハワイ語で教育を行うことを目的として前述した団体、アハ・プーナナ・レオを設立した[8]。同団体は

公立の K-12 においてハワイ語による教育を認める法案を起草したが、州議会と州教育委員会はハワイ語教育の必要性を認めることなく、1984年と 1985 年に法案は否決された。そのような状況で、1984 年に最初のプーナナ・レオがカウアイ島ケカハに設立され、ハワイ語母語話者 6 名が 3・4 歳の子どもたち 7 名にハワイ語による教育をおこなった。1985年にはヒロでも設立され、3 名の母語話者が 12 名の子どもたちを教えた。1986 年にはホノルルでも設立され、3 名の母語話者と 2 名の第二言語話者が 5 名の子どもたちを教えた（NeSmith 2012）[9]。ところが、K-12の教育でハワイ語を教育言語とすることは法的に認められていなかったので[10]、プーナナ・レオ・ヒロの卒園生の保護者は幼稚園でのハワイ語教育を要求し、公立幼稚園で子どもたちを学ばせることをボイコットした。保護者、アハ・プーナナ・レオ及び支援者の強い要求もあり、州議会は 1986 年にハワイ語での教育を認める法案を可決し、教育委員会は 1987 年にハワイ語での教育を認めた。ハワイ語による幼稚園教育はヒロとオアフ島のパール・シティで始まり、段階的に拡大し、今日ではK-12 の全学年でハワイ語による教育を行う学校がハワイ州各地で設立されている。そのような学校はクラ・カイアプニと呼ばれている。

　筆者はアハ・プーナナ・レオ設立メンバーの一人でもあるハワイ大学ヒロ校ハワイ語学部の教員に案内されて、K-12 の全学年をハワイ語で教育するナバヒ・スクール（通称）[11] を訪ねたことがある。学校の玄関で子どもたちがハワイ語で歓迎の挨拶をし、校長のハワイ語による挨拶は高校生が英語に通訳してくれた。教室ものぞかせてもらったが、子どもたちが継承言語であるハワイ語で楽しそうに学んでいる姿に感激したことを今でも覚えている。校長によると、卒業生にはハワイ大学や米本土の大学に進学する者もいて、中途退学者はほとんどいないとのことであった。

　プーナナ・レオ、クラ・カイアプニおよびハワイ大学でのハワイ語教育の成果はハワイ語話者数の増加に現れている。2014 年の時点で、5歳以上のハワイ住民でハワイ語を話す者は 18400 名（推計）で、その

ナバヒ・スクールにて。左端が筆者

ほとんどが英語にも堪能である（State of Hawaii 2016）[12]。また K-12 の年齢では 5200 名（推計）がハワイ語を話し、そのほとんどが英語も話せる。

ハワイ大学ヒロ校ハワイ語学部のハワイ系の女性教員から次の話を聞いた。子どもたちが幼かったころ、スーパーマーケットでハワイ語で会話をしながら買い物をしていると、高齢のハワイ人女性が子どもたちの後をついてきた。理由を聞くと、その女性は小さい子どもたちが話すハワイ語を聞くのがひじょうに嬉しかったようである。

おわりに

　ハワイ語話者数は確実に増加している。最近では、母語として習得する子どもたちもいる。しかし、ハワイでは英語話者が圧倒的に多く、ハワイ人を中心とするハワイ語話者の数が人口に占める割合は非常に小さい。話者数を増やすためには、ハワイ語教育の拡大を図ることと、ハワイ人以外の話者をいかに増やすかが課題であろう。K-12 でハワイ語教育を受ける非ハワイ人の児童生徒を増やすためには、何が必要なのかを検討する必要がでてくるのではないだろうか。

1 この団体については後述する。なおプーナナ・レオ（Pūnana Leo）はハワイ語で「ことばの巣」を意味する。

2 http://www.ahapunanaleo.org/index.php?/programs/ohana_info/olelo_noeau/

3 20世紀末には、ハワイ語母語話者数は1000名以下と見積もられていて、ハワイ語教員はその数を500名程度と見ていたようである（NeSmith, R. Keaoopuaokalani (2012) *The teaching and learning of Hawaiian in mainstream educational contexts in Hawai'i: Time for change?* Doctoral dissertation. University of Waikato.）

4 http://www.ahapunanaleo.org/index.php?/about/a_timeline_of_revitalization/ ラリー・キムラに関する記述を除き、本節での記述は本資料を参考としている。

5 父方は日系で母方がハワイ系である。現在はハワイ大学ヒロ校のハワイ語学部の教員である。その功績からキムラは「ハワイ語復興の祖父」と呼ばれている。

6 https://www.npr.org/sections/codeswitch/2019/06/22/452551172/the-hawaiian-language-nearly-died-a-radio-show-sparked-its-revival

7 本節での記述も上記のプーナナ・レオの資料を参考としている。

8 本部はハワイ島のヒロにある。前述のようにハワイ大学ヒロ校ハワイ語学部がハワイ語復興の支柱となっているので、同学部との連携がとれている。

9 2名の第二言語話者はおそらくハワイ大学でハワイ語を学んだ者であろう。

10 ハワイ共和国時代の1896年にハワイ語による教育を禁止する法律が制定され、その法的効力は1980年代にも継続されていた。

11 ハワイ語の正式名称はKe Kula ‘O Nāwahīokalani‘ōpu‘uである。

12 State of Hawaii (2016) *Non-English Speaking Population in Hawaii.*

マオリ語復興の背景と展開

永井文也　ブリティッシュ・コロンビア大学人類学部博士課程・市民外交センター

はじめに

　世界には多くの先住民族が存在し、その言語も多岐にわたる。しかし、植民地主義の経験からその多くは消滅の危機に直面してきた。先住民族の権利に関する国連宣言の第13条に規定されるように、先住民族はその言語に対する権利を有し、国家はこの権利を保障する義務を負う。2019年は先住民族の言語の国際年でもあり、言語復興の重大性は高く認識されている。

　ここでは、その文脈において数少ない成功例に数えられるマオリ語復興の事例を取り上げる。特に、マオリ語のみを用いて教育を行うイマージョン教育の推進は、その復興に重大な影響を与え、また他の先住民族に多くの示唆を与えてきた。アイヌ語復興の文脈でも、近年マオリとの交流プログラムを通じてイマージョンによる言語教授法を取り入れる動きもある[1]。筆者も、2016年にニュージーランドにて開催された交流会に通訳として参加し、その現場に学ぶ機会を得た。ここでの経験も踏まえつつ、以下にマオリ語復興の背景と展開を整理していく。

マオリ語の復興運動の背景

　マオリによる言語復興が本格的に始まったのは 1970 年代である。当時、マオリ語は危機的な状況にあった。しかし、ヨーロッパからの入植直後よりそうした状況になった訳ではなく、19 世紀初頭まではまだマオリ語と英語の二言語使用が様々な社会的場面で見られていた。同化主義政策のため学校教育は英語で行われていた一方、地方のマオリコミュニティの多くでは継続してマオリ語が使用されていた。この状況に打撃を与えたのは、第二次世界大戦による軍事活動への参加や、経済的な理由などから戦後にも多くのマオリが都市部へ移住したことにより、マオリ語の使用機会が減り、反対に英語の使用機会が増えたことがあげられる。結果、1970 年頃までに、マオリ語の流暢な話者のほとんどは地方在住の高齢者となり、特に子ども世代は英語のみを話すことが一般的となった[2]。

　こうした状況に対して、世界各地での市民権運動や、国際的な先住民族の権利保障を求める動きもあり、ニュージーランド内部でもマオリの復権運動が展開された。その 1 つの結果として、1840 年に英国女王とマオリ首長らの間で結ばれたワイタンギ条約に基づき、「ワイタンギ条約法」が 1975 年に制定された[3]。マオリ語に関しても、同年からマオリ語週間が設定され、またマオリの人々による草の根の動きを経て、1987 年にマオリ語法が制定された。同時に、その復興や推進のためにマオリ語委員会も創設され、マオリ語は公用語となり法的手続きなどでも使用されることとなった。こうした法的・制度的な整備はまた、マオリ語のみのテレビチャンネルやラジオ局の設置にも繋がった。これら一連の変化の背景に、あるいは連動して進められたのが、マオリ語イマージョン教育であった。

マオリ語イマージョン教育の展開

　マオリ語イマージョン教育は、様々な年代別にその対象を拡げつつ、草の根の運動として展開してきた。特に、マオリの長老や指導者らの話し合いのなかで、幼少期からの言語・文化教育の重要性が強調された結果、就学前の子どもたちを対象としたイマージョン保育施設として、1982 年に最初のコーハンガ・レオ（「言葉の巣」）が創設された。コーハンガ・レオは、マラエと呼ばれる集会場を拠点とするコミュニティのなかで、ファーナウと呼ばれる拡大家族という集団単位に基づいて、マオリ語を母語とする年長者によってマオリ語が自然に習得されることを理念としていた。1970 年代に、マオリ語を理解する人口が全体で 10 万人以上いたこともあり、1994 年にはコーハンガ・レオは 800 以上を数え、最も多い時には半数以上のマオリの幼児がイマージョン保育施設で学んでいた[4]。現在も、政府から資金的な援助を受けつつ、全国各地でこの保育が行われている。

　これに続いて、初等・中等教育においても、1985 年よりマオリ語イマージョン教育が採用された。クラ・カウパパ・マオリ（「マオリ原理の学校」）と呼ばれ、コーハンガ・レオ同様、当初は学校教育制度外であったことからマオリ自身で資金を集め、コミュニティを基盤とする草の根の活動として始まった。その拡がりを受けて、1989 年の教育法で公立学校としても認められ、こちらも政府からの資金的な援助を受けつつ教育が行われるようになった。さらに、ワーナンガ（「大学」）と呼ばれるマオリ語イマージョンの大学も設置され、こちらも教育法で認められている。2015 年には、70 以上のクラ・カウパパに 6000 人以上の生徒が学び、また 3 つあるワーナンガのなかには博士課程まで提供するものもある[5]。

　また、マオリ語を母語とせず、イマージョン教育を受けていない大人世代を対象に、テ・アタアランギというイマージョンを通じた言語教授法も 1970 年代後半より発展してきた。この教授法は、ヨーロッパで開

発された多色のキズネール棒を使う言語教授法を応用し、マオリ社会の文化や価値観も組み込んだ形でセッションが進められる。コーハンガ・レオなどと同様に各コミュニティへ草の根の活動として拡がり、1981年にはテ・アタアランギ協会の法人登録も行われ、大学機関などとの提携も行われてきた。

　以上のように、マオリ語のイマージョン教育は、様々な世代を対象に、コミュニティを基盤とする草の根の取り組みから展開し、現在では幼児保育から大学院教育までマオリ語のみで行える環境が整えられている。その背景には、イマージョン教育を可能としたマオリ語話者の人口が一定数あり、またマオリの復権運動を経て言語に対する権利を含む諸権利の実質化に向けて、国家による制度的・財政的な整備があった。加えて、イマージョン教育の多くが、言語を通じてマオリの文化的・社会的なあり方を学ぶ機会も提供してきたため、「それぞれのアイデンティティが尊重」され、「各地のコミュニティの再生や、都市部でのコミュニティ作り」にも影響してきたと評価される[6]。つまり、マオリの人々自身の活動から、国家も動かしコミュニティに還元される形でイマージョン教育が展開し、言語復興へと繋がってきた。

課題と示唆

　しかし、こうしたイマージョン教育を通じたアプローチに課題もある。例えば、当初は草の根の活動であったことから資金的な困難があった一方、現在のように財政的な支援を政府から受ける場合は、国家に一定の依存をしてしまう。そのため、国家との適切な関係性の構築がその課題の1つと認識されてきた[7]。また、当初はコミュニティを基盤としてその再生も視野に入れた活動であったが、学校制度などに導入されることでその修了証明や社会的評価が目的となると、学習者の動機が混同し、マオリ社会や文化、精神世界へのイマージョンが制限されうることも指摘される[8]。加えて、言語教育は単に言葉を学ぶ以上にマオリの社

会生活や精神世界と密接に結びつくことから、言語復興には「全てをかけられる人が必要」であるが、そうした人材の確保は必ずしも簡単ではない[9]。

　加えて、他の文脈への示唆という点ではマオリの個別性を考慮する必要もある。例えば、マオリ個別の文脈として、言語復興運動が始まった当初のマオリ語話者の人口や、ワイタンギ条約といったマオリの権利に関する法的文書の存在などは特筆に値する。そのため、別の文脈への適用は容易ではないものの、先住民族による権利運動の展開において国際的な連帯が重大な役割を担ってきたように、言語復興の文脈においても、成功事例に数えられるマオリ語復興は1つの参照点として高い重要性を持ちうると考えられる。

1　例えば、アイヌイタク復興の会は、後述するテ・アタアランギという言語教授法に焦点を当てた活動をしている。詳しくは当会のホームページ（https://aynuitak.weebly.com/）を参照。

2　Spolsky, Bernard (2009). "Rescuing Māori: the last 40 years." In *Language Documentation and Description, vol.6.* Ed. by Peter K. Austin. London: SOAS. 15.

3　ワイタンギ条約には英語版とマオリ語版があり、特に主権の譲渡という点に関して内容や認識が異なっている。この相違はワイタンギ条約法でも認められ、マオリ語版のワイタンギ条約が1970年代以降のマオリの人々による復権運動の根拠となってきた。

4　Spolsky, op. cit. 15, 18-19.

5　岡崎享恭（2015）「テ・アタアランギとマオリ語復興」『渾沌：近畿大学大学院総合文化研究科紀要』12号：60頁。

6　同上、54頁。

7　同上、61頁。

8　同上、53-52頁。

9　アオテアロア・アイヌモシリ交流プログラム（2013）『アオテアロア・アイヌモシリ交流プログラム報告書』横浜：スペースオルタ、57-58頁。

アイヌ語の現状と可能性

関根健司　平取町二風谷アイヌ文化博物館学芸員補・アイヌ語講師

生活言語として話されなくなったアイヌ語

　アイヌ語が生活言語として、いつから話されなくなったのか？　それは地域によっても、家庭によっても違うので何とも言えないが、最もアイヌ民族の人口比率が高く、アイヌ文化が継承されていると言われる私が住む沙流川（北海道の日高地方、日高町と平取町を流れる川）流域でも、流暢なアイヌ語話者は明治生まれまでだと言われる。民族の言語、文化の継承、復興に多大な功績を残した故萱野茂氏（1926 ～ 2006、平取町二風谷）は大正 15 年生まれだが、その年代としては圧倒的なアイヌ語力を備えた人物だったと言われる。それは、アイヌ語しか話さない祖母が身近におり、彼が成人する頃まで一緒に暮らした経験があるからだと言われている。現在 80 代になるアイヌの古老たちは「俺たちが子どもの頃、親たちはアイヌ語で喋ることもあった。だが俺たちには一切アイヌ語を教えようとはしなかった」と言う。明治以降、北海道、樺太、千島列島が日本に組み込まれ、大規模な和人の流入が進むなか、アイヌ民族はあっという間に圧倒的少数民族となり、言葉が違う、風習が違うという理由で差別され、蔑まれ、アイヌ自身がアイヌであることに誇りを持てない、自分の子どもたちは、和人に紛れて和人として生きていって欲しい、と願うほどの劣等感を植え付けられて来たのだ。家庭での伝承は

途絶え、学校では日本語での教育しかない、という状況が続き、現在アイヌ語を生活言語として使っている人は皆無と言える。現状は、誰にとってもアイヌ語より日本語で話す方が楽な状況なのだ。

高まりつつあるアイヌ文化、アイヌ語学習への需要

　しかし現在、アイヌ文化を取り巻く状況は少しずつだが良くなりつつある。アイヌであることをカッコいいと捉える風潮が高まり、若いアイヌ民族の中でも、アイヌ文化に携わる人がどんどん増えて来ていると感じる。彼らは伝統舞踊を体得し、披露する。木彫り、刺繍などの伝統工芸にいそしみ、その腕を磨く。そのような動きが広がりつつある。では、アイヌ語の状況はどうだろうか？　これは残念ながら誰にとってもハードルが高く、これに一生懸命取り組む人はまだまだ少ない。

　アイヌ語と同じように、いずれ消滅するだろうと言われていたニュージーランドのマオリ語は、最もその復興に成功した言語だと言われる。マオリの人たちと話すと「俺たちもそうだった。昔はただ『俺はマオリだ』と言えば『ああそうか、お前はマオリなのか』とみんな納得してくれていた。でも今は違う『お前がマオリならマオリ語を喋れるのか？』ということを強く問いただされる」と言うのを聞いたことがある。マオリならマオリ語が喋れなきゃカッコ悪い、恥ずかしい、という社会の風潮があるのだ。だから現在はマオリ成人の中でも、マオリ語習得熱が非常に高い状況にあると言える。一方、アイヌ語は、まだ喋れなくても許される段階だといえるだろう。ニュージーランドで会った多くのマオリたちがマオリ語を話し、その能力を使って職に就き、いきいきとマオリであることを楽しみながら生きている様子を目の当たりにした。もしアイヌ語にもこうなる可能性があるなら、それに賭けてみたい。そのような状況を作ることに尽力したいと思った。実際、何世代か前までは、みんなが喋り使っていた言葉なのだ。積極的に、意識的に喋る人が増えれば復活出来ることは明らかだ。ただ現在は誰にとっても日本語の方が話

二風谷アイヌ語教室・子どもの部の様子。

しやすい状況である。

　だから私は、これもマオリ語の学習法を取り入れたものだが、テ・アタアランギ法と呼ばれる、一度授業に入ると目的言語（アイヌ語ならアイヌ語）だけを使い、一切他の言語（日本語）は介さないで、初歩からアイヌ語のみで会話力を付けていくという勉強法を定期的に行っている。マオリの人たちは「この方法で学習を続ければ2、3年で、いいとこ喋れるようになる」と言っており、実際に成人の会話力獲得には絶大な効果があると感じている。それ以外に私は、子どものアイヌ語教室（週に1回、1時間半、小学校2年生から高校3年生まで19人が参加）と、地元の二風谷小学校で総合学習の時間を利用したアイヌ語学習（全校児童15人対象、年間10回）を行なっている。それ以外にも、近隣の小中高校にそれぞれ年1、2回、札幌周辺の市立高校でも年10回ほどのアイヌ語授業を担当している。さらに道内、道外の全国各地からも出張授業の依頼が増えて来ており、可能な限り対応している。特にここ数年、学

校現場において、アイヌ語、アイヌ文化学習の需要が高まりつつあることを実感する。しかし教師たち自身、それらに関する知識がなく、どのように取り組めばいいのか分からない現状があるようだ。アイヌ語講師の育成、及び先生方に知っていただくことも現在の重要な課題である。

アイヌ語が聞こえてくる北海道に

　白老町では民族共生象徴空間「ウポポイ」という愛称の施設群が建設中で、国立のアイヌ民族博物館に合わせていろいろな体験施設が来年春にオープンする。そこの掲示は全て、アイヌ語、日本語併記にする方針で、それら文章の作成が進められている。これに関わる委員会に私も参加しており、そこではアイヌ語の新たな表現をどんどん認定していくという作業が行われている。アイヌ語の状況は明治以前の日本語に近いと言えるのではないだろうか。福沢諭吉のような人物が明治時代に作り出したと言われる「社会」、「世界」など、元々は西洋の概念で日本語には無かったような言葉がやはりアイヌ語の中にも無い状況だ。今後、生活言語としてアイヌ語を復活させる場合、このようなことも表せる新たなアイヌ語表現もどんどん必要になってくる。

　平取町内を走る路線バス内では、日本語での案内の後、アイヌ語でも同じことを案内するサービスが始まっている。地元バス利用者は定期的にアイヌ語を耳にすることでアイヌ語に慣れ親しむことが出来るし、平取を訪れる観光客は、このバスアナウンスを楽しみにしてバスで来る人たちもいる。現在は地方路線で実施しているのみだが、これを全道のバス路線で、鉄道で、空港や港でも実施していきたい。もしそうなれば、さらに多くの人にアイヌ語に触れてもらうことになり、興味を持ってもらうきっかけが広がるだろう。アイヌ語を楽しむ、という感覚でいいと思う。『これをアイヌ語で表現したらどうなるだろうか』、『街中にアイヌ語で書かれたポスターがあったらカッコのではないか』、そんな思いつきから多くの人にアイヌ語に関わって、それを発信していくというこ

とに挑戦してもらいたい。現実に起こり得る可能性として、さらに多く
の方に想像していただきたいのは、北海道でのアイヌ語の公用語化とい
う考えだ。もしそれが実現すれば、役所ではアイヌ語で対応する人が配
置され、アイヌ語を使うテレビアナウンサー、ラジオのDJ、アイヌ語
新聞の記者、学校のアイヌ語の先生など、アイヌ語が使えることで就け
る職をどんどん作り出せるのではないだろうか。北海道に行けばアイヌ
語を喋っている人が結構いる、ということで、それを体験したくて北海
道に人がどんどんやって来る。アイヌ語が観光の目玉となる。アイヌ語
自体が産業を産んでいく。アイヌ以外の道民もアイヌ語、アイヌ文化を
自身の郷土の誇りとしてそれに関わり、親しむ。そのような状況も多く
の人の意志がそこに向かえば決して不可能なことではないと思う。

琉球諸語の行方
――「方言」からの脱却

新垣友子　沖縄キリスト教学院大学 教授

はじめに

　琉球の言葉は、言語学的に「方言」ではなく「言語」とみなすのに十分な要素を備えているのにもかかわらず、政治的な理由で方言の枠に押し込まれてきた。しかし、2009 年にユネスコ（国際連合教育科学文化機関）が、6 つの琉球諸語を危機言語として認めて以来、「方言」ではなく「琉球諸語」という用語が用いられるようになってきた。本稿では、琉球諸語の現状と琉球諸語の継承に関する活動を概説する。

琉球諸語とは

琉球諸語の種類

　琉球列島全域の海域は、日本の本州ほど広く、その言語間の多様性も高い。ユネスコの危機言語地図[1] と並び、言語的多様性を示す『エスノローグ』（Ethnologue[2]）というウェブサイトは、7000 語以上もの世界中の言語に関するデータを提供している。その中で、琉球には、奄美大島北部、奄美大島南部、喜界、徳之島、国頭、沖永良部、沖縄中部、与論、宮古、八重山、与那国の 11 の言語が存在するとされている。ユネスコは琉球諸語として奄美語、国頭語、沖縄語、八重山語、宮古語、与

図 1　各琉球諸語が話されている地域

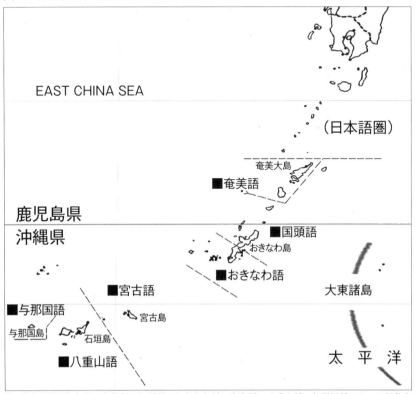

注　「琉球諸語」とは、奄美語、国頭語、おきなわ語、宮古語、八重山語、与那国語の 6 つの総称をいう。
Ⓒ 比嘉光龍。

那国語の 6 言語を認めており、両機関の言語の定義の違いにより言語数は異なるが、このように国際機関において琉球の諸言語は、独立した言語として認められているのである。

琉球諸語か琉球方言か

　琉球の言葉を「言語」とみなすか「方言」とするかは研究者によっても様々であり、誰もが納得する着地点をみつけるのは難しい。『沖縄語辞典』においては、「沖縄語」という語が書名に含まれているにもかか

わらず、「沖縄の言葉は、いうまでもなく、日本語に属するものであって、日本語の一方言と見るべきものである」（国立国語研究所 1963：1）と記されている。しかし、これまで多くの危機言語を選定してきたユネスコの担当者は「これらの言語が日本で方言として扱われているのは認識しているが、国際的な基準だと独立の言語と扱うのが妥当と考えた[3]」と述べている。

　実際、言語学的特徴としては、日本語との対応関係が見られない独自の語彙の存在（例：さば［草履］、てぃーだ［太陽］）や、上代語と違い、琉球では濁音が語頭に立つ（例：がまく［腰］、どぅし［友］）等、語頭の濁音の有無が挙げられる。このような語彙レベルの違いの他にも日本語にはない接頭辞や接尾辞を用いた語形レベル、句・文構造レベルにおける日本語との違いは明確で、質的にも量的にも日本語の方言の枠に押し込む事は困難とされている（宮良 2008）。また、服部（1954）は、語彙統計学に基づき、琉球の言葉と日本語の基礎語彙における共用同根語（共通の起源を持つ単語）の割合を算出している。その結果、日本語（東京方言）と首里の言葉における共通語彙の割合は、65.19% と算出されている[4]。スラヴ語族やロマンス語族における共通同根語の割合は 70% 〜 80% であることを考慮すると、琉球諸語は「言語」と分類できる（ハインリッヒ 2011）。ドイツ語とオランダ語、またはスペイン語とポルトガル語の差よりも琉球諸語と日本語の基礎語彙の差は大きいのである。

　このような研究結果にもかかわらず、「方言」という用語が用いられる原因は何であろうか。木部他（2011：7）は、その理由は、「言語学的に見て沖縄のことばと東京のことばが姉妹関係にあるということ」と「沖縄が日本に所属することをあらわすために、ことばの隔たりをあまり強調したくないという社会的・政治的基準が働いたこと」の 2 点を挙げている。1 点目の琉球諸語と日本語が共通の祖語をもつということは、研究者の間でほぼ共通の見解である。しかし、言語学的に姉妹関係だからといって「方言」と扱われる理由にはならない。例えば、ドイツ語とオランダ語は同じ語族、語派に属するため姉妹関係にあるが、「〜方言」とは呼ば

ない[5]。つまり、言語学的な視点からは、琉球諸語を「言語」と扱うことに何ら問題はないのである。となると、先ほど挙げた2点目の言語学的側面以外の要素が大きな要因であると考えられる[6]。

ジャポニック語族

　琉球諸語が日本語の方言ではないとしたら、両者の関係はどのようなものであろうか。英語がインド・ヨーロッパ語族に属し、さらにその中のゲルマン語派に属すように、ジャポニック語族に日本語派と琉球語派という「語派」として捉える分析を紹介したい。宮良（2011）では、琉球諸語を日本語の一方言郡と捉えるのではなく、ジャポニック語族を日本語と琉球語派の祖語とし、図2のように分析している。

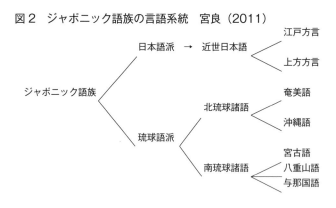

図2　ジャポニック語族の言語系統　宮良（2011）

　両語派の分岐に関して、京都方言と首里言葉は、今から約1450年から1700年余前に分離したといわれている（服部1954）。これまでに、朝鮮語、トルコ語など多くの言語と日本語との同系関係が研究されてきたが、琉球の言葉以外に同系が認められた言語はない（家村1994）。このようなジャポニック語族を設定する事で、日本語の同系語は琉球諸語であることが明確になり、同系語探しに終止符を打てるのではないかと宮良（2011）は述べている。実際、前述した『エスノローグ』では、すでに"Japonic"語族という用語が採用されている。

琉球諸語の危機度

　ユネスコの危機言語地図は、言語の危機度を深刻さに応じて、次のような5段階に分類している

　　a. 安泰
　　b. 不安泰（vulnerable）
　　c. 限定的な危機的状態（definitely endangered）　奄美語、沖縄語、
　　　　　　　　　　　　　　　　　　　　　　　　　　国頭語、宮古語
　　d. かなり危機的状態（severely endangered）　　八重山語、与那国語
　　e. 非常に危機的状態（critically endangered）
　　f. 消滅（extinct）

その中で、奄美語、沖縄語、国頭語、宮古語の4言語が（c）の「限定的に危機的」状態、そして八重山語、与那国語がさらに一歩危機度が深刻な（d）の「かなり危機的」状態であると認定されている。このような言語危機度、及び言語記録保存を測るため、表1に示すような9種類の要因が提示されており、各要因ごとに等級1〜5に査定が行われる（UNESCO 2003）。琉球諸語の危機度を各要因に照らし合わせた場合、表1のように査定されている（石原（2014））。

　表1が示す各要因の等級を平均してみると、平均値は約2.56と低く、成績表で言えば3にも満たない。特に言語活力を示す要因1〜6は、オール2という状態である。例えば、普段の生活において「しまくとぅば[7]を主に使っている」または「共通語と同じくらい使う」と答えた県民は合わせて24.8%であり、四分の一を割っている[8]。また、子供がいる家庭において、しまくとぅばを積極的に教えている家庭は7.9%ときわめて低く、世代間の言語継承は深刻な状態である（『H28年度しまくとぅば県民意識調査報告書』[9]）。

琉球諸語の行方　*53*

表1　危機度と言語記録保存の緊急度（石原 2014：162）

要因	等級
1. 世代間の言語継承	2
2. 話者の絶対数	350,000
3. 総人口における話者の割合	2
4. 言語使用領域の転換	2
5. 新たな言語使用領域とメディア	2
6. 言語教育のための教材	3
7. 公的機関の言語意識	3
8. 地域住民の言語意識	3.5
9. 言語記録の量と質	3

　表1の言語態度を示す要因7、8と言語記録保存の緊急性を示す要因9に関しては、3〜3.5と等級が若干高い。実際、しまくとぅばに対して78.4%の県民が親しみを感じており、82.2%の県民が子供達にしまくとぅばを使えるようになってほしいと望んでいる。（同上）。このように言語態度が高いのは事実であるが、前述したように家庭での継承は途絶え、90%以上の県民がしまくとぅば講座やしまくとぅば関連のイベントに参加した事がないのが実情である。

　このように琉球諸語の活力は深刻な危機的状態にあり、言語態度や言語記録保存は若干高いものの、継承したいという意識や態度が、実際の使用や活力の向上に繋がっていないことが分かる。

継承のための取り組み

公的機関（沖縄県、各市町村）の取り組み

　2006年、沖縄県は9月18日を「しまくとぅばの日」、そして奄美大島地区では、2007年から2月18日を「方言の日[10]」と定めて言語保存の取り組みを行っている。沖縄振興計画（2012年度〜2021年度）『沖縄

21 世紀ビジョン基本計画』には、"しまくとぅば"の保存・普及・継承のため調査や人材育成、学校教育における教育プログラムの充実等が謳われている。しかし、2012 年の施策には、年間 30 校計画されていた教育庁の「しまくとぅば話者学校派遣事業（高校）」や「しまくとぅば人材派遣事業」が、2017 年の実施計画では削除されており、教育庁の具体的な活動はみられない。

　文化観光スポーツ部は、2014 年に『語てぃんーだな しまくとぅば』（語ってみようしまくとぅば）というハンドブックを発行し、2015 年には、副読本として『しまくとぅば読本』（小学生用・中学生用）を作成した。中南部の言葉を中心に、北部、宮古、八重山、与那国の 4 言語の表現も書かれている。また、2018 年には、『語らな使らなしまくとぅば』というポケットサイズの小冊子が那覇、宮古平良、八重山の 3 言語、2019 年には読谷、名護バージョンが作成されている[11]。

　また、同センターのホームページには上述の教材以外に、北部、中南部、宮古、八重山、与那国の単語集や会話集も収録されており、文字と音声で学ぶ事ができる。また、同センターは、2019 年に「しまくとぅばプレ検定」を開催し、基本的なあいさつや会話の習得を測る「小学年低学年レベル・9 級」が実施された。

　市町村の取り組みとして、那覇市の「うちなぁぐち部会」、沖縄市の「うちなぁぐち会」、「宜野湾市うちなぁぐち会」をはじめ、金武町、本部町、豊見城、石垣、宮古等、各文化協会でもしまくとぅば部会を設け、講座や体験型プログラムを実施している。さらに、2015 年、豊見城市教育委員会文化課は、『豊見城市しまくとぅば読本』を作成し、2019 年、読谷村も『読谷村のしまくとぅば〜子どもの成長〜』という独自の副読本を作成した。

民間の取り組み

　民間における琉球諸語復興の取り組みは、着実に増えている。しかし、それを支える堪能話者の減少が深刻である。2000 年 10 月に設立さ

れた沖縄語普及協議会をはじめ、市民講座やテキスト作成など、地域言語の復興を目指した民間の組織的かつ継続的な取り組みも盛んになっている。2013 年には、これまで各自しまくとぅば復興活動に取り組んできた団体や個人をネットワークで繋げる「しまくとぅば連絡協議会」も発足した。宮良婦人会、与那原町島くとぅばボランティアの会「劇団おばあ Q」等、女性を中心とした活動も目立つ。また、児童センターで子供達に琉球の言葉や文化を教える活動、大学生と連携して活動を展開する「沖縄ハンズオン NPO」の若者の活躍も目覚ましい。

　ラジオ番組は、琉球諸語の主に沖縄語（中南部の言葉）を用いた長寿番組から、コミュニティ放送で地域の話題や言葉で構成される新しい試みの番組がある。まず、1960 年から半世紀以上続いている沖縄ラジオの「沖縄方言ニュース」や親子がしまくとぅばでパーソナリティーを務める「暁でーびる」等、また、「民謡で今日拝なびら」（RBC 琉球放送）は、しまくとぅばでの会話や古謡・俗謡・新民謡が聴ける人気の長寿番組である。その他ほとんどのコミュニティラジオで、しまくとぅばニュースや音楽芸能紹介、しまくとぅば解説など番組が放送されているが、復興に繋げるには絶対数はまだまだ足りないのが現状である。

　インターネットラジオは、株式会社クレストの「24 時間しまくとぅば放送局」が開局 5 年目を迎えた。県内の文化協会や老人会など 110 団体が放送に関わり、24 時間、しまくとぅばや琉球の音楽を聴く事ができる。その他、石垣・宮良言葉が学べるポットキャストの教材（「おーりたぼーり」等）もあるが、他の琉球諸語においても、このような教材開発が早急に必要である。

おわりに

　琉球諸語の行方が危ぶまれるなか、日本政府は何をしてきたのだろうか。2008 年、国連自由権規約委員会は、琉球の人々の人権侵害について勧告した。日本政府は、琉球の人々を先住民族として明確に認め、琉

球・沖縄の人々の児童が彼らの言語で、あるいは彼らの言語及び文化について教育を受ける適切な機会を提供するべきだというのである[12]。しかし、国は何の対策も講じなかった。さらに 2010 年と 2014 年、人種差別撤廃委員会も同様の勧告を行うが、日本政府は一切受け入れず、琉球諸語の維持・継承や保護に関する法整備は未だに行われていない。沖縄県や民間の精一杯の取り組みをもってしても、琉球諸語の足腰は弱まる一方である。母語を学ぶ権利、「言語権」が保障されていない厳しい現状のなかで、琉球諸語はまだ生きている。

1 http://www.unesco.org/languages-atlas/ The UNESCO Interactive Atlas of the World's Language in Danger (Mosely 2009)

2 https://www.ethnologue.com/ Ethnologue Langages of the World

3 朝日新聞朝刊 2009 年 2 月 20 日。

4 一方、奄美、沖縄、宮古、八重山、与那国の琉球 8 地域の基礎語彙調査では、80 ～ 85%（平均 83.6%）が共通している（大城 1972）。

5 それらは独立した国家だから「～方言」とは呼ばないのではという疑問もあるかもしれないが、「国家の境界」が言語の境界というような単一言語国家のような考えは現状にそぐわない。事実、『エスノローグ』で確認できる単一言語国家はハイチだけである（ハインリッヒ 2011）。

6 安田（2006）では、服部四郎を中心とした言語学者達が国民国家の範囲や政治の移り変わりの中で、「琉球語」と呼んだり、「琉球方言」としたり、揺れ動く様が分析されている。

7 アンケートでは、琉球諸語ではなく「しまくとぅば」という総称を用いている。

8 『琉球新報』2019 年 5 月 24 日　https://ryukyushimpo.jp/news/entry-923973.html

9 https://www.pref.okinawa.lg.jp/site/bunkasports/bunka/shinko/simakutuba/documents/kenminishiki.pdf（沖縄県庁 HP）

10 奄美諸島の各島の言葉ごとに、その名称は異なる。例えば、奄美大島では「シマユムタ（又はシマクトゥバ）の日」、沖永良部島では「島ムニの日」等。

11 これらの教材は、沖縄県文化協会「しまくとぅば普及センター」のホーム

琉球諸語の行方　57

ページからダウンロードする事ができる。

　12　CCPR/C/JPN/CO/6

引用文献

家村睦夫（1994）「言語の系統」田中春美他『入門ことばの科学』203-222. 大修館書店.

大城健（1972）「語彙統計学（言語年代学）的方法による琉球方言の研究」服部四郎先生定年退官記念論文集編集委員会編『現代言語学』533-558. 三省堂.

木部暢子他（2011）『危機的な状況にある言語・方言の実態に関する調査研究事業報告書』国立国語研究所.

国立国語研究所（1963）『沖縄語辞典』大蔵省印刷.

服部四郎（1954）「〈言語年代学〉即ち〈語彙統計学〉の方法について　―日本祖語の年代―」『言語研究』第 26-27. 号 29-77.

パトリック・ハインリッヒ（2011）「『琉球諸語』は方言ではない」ハインリッヒ＆下地理則（編）『琉球諸語記録保存の基礎』東京外語大学アジア・アフリカ言語文化研究所 1-11.

宮良信詳（2008）「『うちなーぐち』とは沖縄語？沖縄方言？」琉球大学編　『やわらかい南の学と思想　琉球大学の知への誘い』150-165.　沖縄タイムス社

宮良信詳（2011）『ジャポニック語族の中の琉球語派：系統、体系、および現況』パトリック・ハインリッヒ＆下地理則編　『琉球諸語記録保存の基礎』東京外語大学アジア・アフリカ言語文化研究所 12-41.

安田敏朗（2006）『統合原理としての国語』三元社.

Ishihara Masahide（2014）Language Vitality and Endangerment in the Ryukyus. In *Language Crisis in the Ryukyus*. Mark Anderson and Patrick Heinrich eds. pp.140-168.Cambridge Scholars Publishing.

UNESCO Ad Hoc Expert Group on Endangered Languages（2003）Language Vitality and Endangerment.　https://unesdoc.unesco.org/ark:/48223/pf0000183699（2019 年 7 月 2 日閲覧）

資料編

アイヌ民族の文化と歴史

文化　出所：北海道環境生活部アイヌ政策推進局アイヌ政策課発行『アイヌ民族を理解するために』

　アイヌの人たちは、天然現象や動植物、人間の作る道具などすべてに「魂」があり、神の国から使命を担って姿かたちを変えて地上に降りてきていると考えました。その魂は人間にとって有益なものだけでなく、天災や病気などにもあり、このうち、人間の生活に必要なもの、人間の力の及ばない事象を「神」として敬いました。

カムイノミ　((公財)アイヌ民族文化財団提供)

　神々の護りと生活の糧の提供があって初めて、人々の安定した平和な生活があります。そのような生活が続くことを祈願し、これまでの神々の護りに感謝を捧げるのが「カムイノミ（神への祈り）」の儀式です。

　神々への祈りには、歌や踊りも重要な意味を持っています、「イオマンテ（熊の霊送りの儀式）」の後には「リムセ」、「ホリッパ」などと呼ば

イオマンテリムセ（熊の霊送りの踊り）（（公財）アイヌ民族文化財団提供）

れる輪踊りをします。

　また、男性によって悪い神を追い払う「剣の舞」や「弓の舞」、女性たちが優雅に舞う「鶴の舞」、「水鳥の舞」など、たくさんの舞踊が今も伝承されています。このようなアイヌ民族の伝統的な踊りは国の「重要無形民俗文化財」に指定され、さらに「ユネスコ無形文化遺産」にも登録されています。

ク（弓）・アイ（矢）（（公財）アイヌ民族文化財団提供）

　狩猟採集民族であったアイヌの人たちは、自然の恵みに感謝しながら、野山の動物や植物を食料としていました。

　山では鹿、ヒグマ、ウサギなどの獣や、鴨などの鳥をとりました。近くの川や海からは鮭・鱒などの魚や貝が豊富にとれました。ときには、沖合に出てクジラ、トド、アザラシなどの海獣も捕らえていました。

山菜採りは女性や子どもたちの仕事です。アイヌの人たちは数百種類の食用植物を知っていたといわれます。それに若干の農耕もしており、自由な大自然の中で豊かな食生活をしていました。

メノコイタ（まないた）（(公財)アイヌ民族文化財団提供）

　15世紀以降、蝦夷地に和人の移住が増えてくると、アイヌの人たちの平和な暮らしは破られていきました。記録に残る最初の衝突であるコシャマインの戦いはそのころに起こっています。米のとれなかった松前藩では、藩財政を維持するため、蝦夷地をいくつかに分割し、主だった家臣に知行としてアイヌとの交易を認めました。これを「場所」と言い、さらにそれを商人の手に委ねました。これが「場所請負制」です。18世紀以降、アイヌの人たちはこの枠に厳しく縛られ、商人の横暴と搾取による苦しい生活を余儀なくされました。場所請負制の弊害が目立ったこと、さらにロシアなどの外国船が蝦夷地の周辺に現れるようになったことから、幕府は蝦夷地を直轄領とし、直接交易や、風俗の和風化などを進めました。

歴　史　出所：公益財団法人アイヌ民族文化財団『アイヌ民族：歴史と現在（中学生用）』

アイヌ民族の日本への統合と北海道の開拓

　明治維新にともない、1869（明治2）年、政府は蝦夷地を北海道と改め、一方的に日本の一部として本格的な統治と開拓に乗り出した。同じ年、北海道の開拓を進めるために開拓使を設置し、アイヌ民族の戸籍作成も行って、正式に日本の国民に組み込んだ。しかし、アイヌ民族を「旧土人」と呼び、和人とは差別し続けた。成人の印とされた女性の入れ墨や男性の耳飾りなどの伝統的な風習を非文明的と見て、アイヌ民族の言語や生活習慣を事実上禁じた。さらに、日本人風の名前を名乗らせ、日本語の使用を強制するなどの同化政策を行い、和風化を強制した。

　開拓使は、「北海道土地売貸規則」・「地所規則」や「北海道地券発行条例」をつくり近代的な土地制度を導入した。これによって、山林や川などアイヌ民族が狩りや漁、採集などに利用してきた土地は、それが居住地であっても、官有地として国の財産にしたのである。そして、その官有地は、和人に払い下げられた。さらに、その後「北海道土地払下規則」や「北海道国有未開地処分法」がつくられ、資力のある資本家や地主のほか、会社や組合にも土地が払い下げられるようになった。こうして広大な土地が私有地化され、アイヌ民族の生活の場は奪われていった。また、サケやシカの加工品を北海道の産品にするため、アイヌ民族が行ってきたサケ漁やシカ猟を禁止した。そのため、アイヌの人たちの生活は困難なものとなった。1880年代には飢饉もおこり、広い地域で食料不足から餓死者や栄養失調で病死する人が続出した。

　開拓使はアイヌの人たちに対して農業の指導を行ったが、多くの場合は、急に生活を変えることは難しかった。また、その過程で移住を強制

させられるようなこともあった。富国強兵・脱亜入欧を目指す国家体制のもとで、アイヌの人たちの生活は大きく変えられていったのである。

　1875（明治8）年、明治政府はロシアとの間で樺太・千島交換条約を締結、樺太や千島に住んでいたアイヌの人たちを強制的に北海道や色丹島に移住させた。移り住んだ人たちは急な生活の変化や病気の流行などに苦しみ、多くの人が亡くなった。

開拓の本格化と「北海道旧土人保護法」の制定

　1886（明治19）年に北海道庁が置かれると、道庁は土地を民間へ払い下げることによって、北海道の開拓をさらに進めた。土地の払い下げが進むとアイヌの人たちの生活の場は狭められ、暖房や炊事に必要な薪の入手にも支障をきたすこともあった。政府・道庁は、アイヌの人たちが土地の売買の手続きなどに不慣れなことから、財産の管理をする能力がないと決めつけ、アイヌの人たちには土地の私有を認めなかったのである。

　アイヌの人たちの生活の困窮は新聞などで報じられ、その対策の必要性が主張されるようになると、1899（明治32）年、政府は「北海道旧土人保護法」を制定した。この法律は主に、アイヌ民族の農耕民化と、日本語や和人風の習慣による教育を行うことで、和人への同化がその内容であった。

　この法律によって農業に従事しているか、従事しようとするアイヌの人たちに土地が与えられた。農業に成功した人もいたが、和人に与えられた肥沃で広大な土地に比べると、アイヌの人たちに与えられた土地ははるかに狭く荒れたものであった。湿地や傾斜地などはじめから農地に向かない土地を与えられた結果、農業に失敗して土地を取り上げられたアイヌの人たちが多くいた。教育の特徴としては和人児童とは別にされ、「土人学校」と呼ばれた特設アイヌ学校が設置された。学校では、アイヌ語やアイヌ風の生活習慣が禁止され、日本語や和人風の生活習慣

アイヌ民族の文化と歴史　65

を身につけることが強いられた。また、和人の義務教育は6年間に延長されたが、アイヌ児童は4年とされ、就学年齢も1年遅れであった。修身と国語が重視されたため、地理・歴史・理科の教科がないなど教育内容にも和人児童との間に格差があり、アイヌ民族の不満は大きなものであった。

大正デモクラシーから戦時体制へ

1910年代から1930年代にかけては、大正デモクラシーの風潮の中で自由な雰囲気が日本に広がった。労働者や小作人などの生活の改善を求める社会運動がさかんに行われ、部落差別に苦しんだ人たちはその解決を目指して、1922年に全国水平社を創立した。アイヌ民族の活動も活発に行われるようになり、差別に対する批判、アイヌ民族が「昔ながらの」衣食住などの生活習慣を維持しているという偏見への批判、世間から「滅びゆく民族」とみなされる中で、萎縮せずに自立して生きていく道を探ろうというアイヌの人たち同士の呼びかけが行われ「北海道アイヌ協会」がつくられた。

1937（昭和12）年、「北海道旧土人保護法」が大幅に改正された。その内容は、①アイヌ民族に対する土地所有権の制限の緩和、②「不良住宅」の改良事業の新設（和風住宅への改築を図るため）、③「特設アイヌ学校」の廃

ポスターに書かれている内容
民族解放の戦線に起つアイヌ青年の熱叫を聞け
アイヌ　保護法問題
アイヌ　差別観念問題
十四日夜六時半　時計台　大演説会

1931年に開かれた旭川のアイヌの青年による演説会のポスター（大阪人権博物館〔リバティ大阪〕提供）

止、④農耕以外の職業への補助の新設、であった。しかし、戦争による経済状況の悪化のため、その具体化は一部にとどまった。特設アイヌ学校の廃止により和人との共学が実現したが、アイヌの子どもたちがいじめや差別にさらされるなど、この改正によって社会的な差別が解消した訳ではなかった。その一方で、アジア・太平洋戦争中にはアイヌ民族も和人と区別なく徴兵されて出征し、多くの犠牲者が出ることとなった。

日中戦争に出征するアイヌ青年とその家族（（公財）アイヌ民族文化財団提供）

国内の政治の動き「アイヌ文化振興法」の制定まで

　1945年8月、日本が連合国に降伏したことによりアジア・太平洋戦争は終わった。戦後すぐに、北海道アイヌ協会の設立準備がはじめられ、1946（昭和21）年2月には、アイヌ民族の社会的地位の向上を目指し、戦前の北海道アイヌ協会とは別なしくみの新しい組織として、北海道アイヌ協会（1961年、北海道ウタリ協会に改称。2009年、北海道アイヌ協会に改称）が設立された。そのころ日本では、農地改革が進められており、北海道アイヌ協会は「北海道旧土人保護法」によりアイヌ民族に与えられた給与地を、この農地改革の適用対象から除くように活動した。しかし、1948（昭和23）年に政府は給与地も農地改革の対象とするという通達を発した。その結果、給与地の多くが、再び政策によってアイヌの人たちの手から離れることになった。

　1960年代に入り、日本経済はいわゆる「高度経済成長」が本格化したが、アイヌ民族と和人との社会的・経済的格差はなくならなかった。そうしたアイヌ民族の生活環境を改善しようと、北海道内に生活館（集

アイヌ民族の文化と歴史　67

会施設）や木工などの技術を伝えるための共同作業場など、さまざまな施設が作られた。その後も北海道ウタリ協会（現在の北海道アイヌ協会）をはじめとしたアイヌ民族の団体は格差をなくすための要求を続けた。そして、1974（昭和49）年から「北海道ウタリ福祉対策」が開始された。

　1970年代後半になると、民族意識の高揚から「北海道旧土人保護法」を廃止して、アイヌ民族に関する新しい法律を求める動きが出てきた。そうした中、北海道ウタリ協会は、1984（昭和59）年の総会で「アイヌ民族に関する法律（案）」を決議した。そして、その制定を北海道や国に働きかけていった。特に1986（昭和61）年に中曽根康弘首相が「日本は単一民族国家」「日本国籍を持つ方々で、差別を受けている少数民族はいない」などと発言したあと、アイヌ民族団体の運動はより活発になった。

1994（平成6）年、参議院内閣委員会で萱野議員がアイヌ語で行ったスピーチの一部

イタップリカ　ソモネコッカ
シサㇺモシリ　モシリソカワ
チヌㇺケニシパ　チヌㇺケ
カッケマㇷ゚　ウタペラリワ
オカウㇱケタ　クニ子ネワ
アイヌイタッアニ
クイタッルウェ　ネワネヤクン
ラモッシワノ　クヤイライケㇷ゚
ネルウェクパンナ。

　言葉のあやではありませんが、日本の国土、国土の上から選ばれてこられた紳士の皆様、淑女の皆様が肩を接しておられる中で、成り行きに従いアイヌ語でしゃべらせてもらえることに心から感謝を申し上げるものです。

「国会会議録」より

萱野茂さんの国会での演説

　1987（昭和62）年には国際連合の「第5回先住民作業部会」にアイヌ民族の代表が初めて参加し、アイヌ民族問題について発言した。以来、国連の会議に継続して参加するなど、それまでの、主に個人の権利回復の要求から、「先住民族の権利」として国際的な論議の中へ位置づけるようになった。このような運動とともに、1994（平成6）年に萱野茂が参議院議員に当選し、アイヌ民族の国会議員が誕生したことで「アイヌ民族に関する法律」の制定運動は新たな段階を迎えることになった。そして、1997（平成9）年、国は「北海道旧土人保護法」を廃止し、新しく「アイヌ文化の振興並びにアイヌの伝統等に関する知識の普及及び

啓発に関する法律（略称：アイヌ文化振興法）」を制定した。この法律は北海道ウタリ協会の「アイヌ民族に関する法律（案）」のなかの「アイヌ文化」の一部分を法律にしたものである。その後、アイヌ文化振興法に基づいたさまざまな事業が行われ、アイヌ語や古式舞踊などの伝統文化を学んだり発表する機会や、アイヌ自身が語り部として、アイヌ民族の精神文化や歴史を伝える機会が増えた。また、十分とはいえないがアイヌ民族やアイヌの文化に対する一般社会の関心が高まっている。

カムイユカㇻ
キツネのチャランケ

サケヘ（v）：パウチョーチョパフムフムフムー
　　　　　1968 年（昭和 43 年）4 月 17 日

語り：鍋沢ねぷき

　カムイユカㇻとは、クマやキツネ、または雷といったアイヌのカムイ（神様）の体験談を語ったもので、神謡と訳されます。サケヘとは、カムイユカㇻに特徴的な「折り返し」と呼ばれるフレーズのことです。また（V）は繰り返しを表す記号です。詳しくはこちらのウェブサイトをご覧下さい（http://www.town.biratori.hokkaido.jp/biratori/nibutani/culture/language/）。

　このカムイユカㇻは鍋沢ねぷきさんが語ったもので、1968 年（昭和 43 年）の 4 月 17 日に萱野茂さんによって音声が収録されました。

(v) パウチョーチョパフムフムフムー
タパン　シコッ　ター

(v) パウチョーチョパフムフムフムー
ウ　ネァ　アイヌフー
シコエックテー　ワー
ウ　アッ　ア　クニー　ㇷ゚
ウ　チェㇷ゚　ネ　ヒネ

(v) パウチョーチョパフムフムフムー
シネ　チェㇷ゚　アエ　ヒー
アイコパゥ　クスー
アイヌ　ウェニターゥ

(v) パウチョーチョパフムフムフムー
ウ　クンヌイーターゥ
アイコスイェ　ヤー

(v) パウチョーチョパフムフムフムー
イシカラ　コロ　カムーイ
イシカラ　プドー　ター
チワシ　コロ　カームイ

(v) パウチョーチョパフムフムフムー
ウ　レヘ　ターシー
ピリピリノイエクール
ピリピリノイェーマーッ
ウ　ネ　ルウェ　ネー
ウ　ネア　カームイ

(v) パウチョーチョパフムフムフム
この支笏湖の方へ

(v) パウチョーチョパフムフムフム
なにアイヌが
遡上させたもの
増やしたものが
シャケではないのに

(v) パウチョーチョパフムフムフム
一匹のシャケを私が食べ
私が罰せられ
アイヌの悪い言葉

(v) パウチョーチョパフムフムフム
黒雲のような言葉を
私が浴びせられ

(v) パウチョーチョパフムフムフム
シャケは石狩川の神が
石狩川の河口
瀬を司る神

(v) パウチョーチョパフムフムフム
その神の名を
ピリピリノイェの男
ピリピリノイェの女
夫婦の神
その神が

シコエッテ　ワー　　　　　　　　呼び寄せて

(v)パウチョーチョパフムフムフムー　(v)パウチョーチョパフムフムフム
ウ　エッ　ペ　タシー　　　　　　来てくれているのが
チェプ　ネ　ルウェ　ネー　　　　シャケという魚

(v)パウチョーチョパフムフムフムー　(v)パウチョーチョパフムフムフム
ソロンパン　カ　ター　　　　　　算盤の上で
ウ　カンピ　カ　ター　　　　　　紙の上で
ウ　ピシ　レホチー　　　　　　　数が決められ
アウピシパレ　ワー　　　　　　　決められた数を
ペッ　ピシノ　アフン　マ　　　　川ごとに遡上させられ
タパン　シコッ　ター　　　　　　この支笏川に
アフン　ア　クニー　プ　　　　　入って来たもの
チェプ　ネ　ルウェ　ネー　　　　シャケなのだ

(v)パウチョーチョパフムフムフムー　(v)パウチョーチョパフムフムフム
ウ　ネプ　アイヌフー　　　　　　人間が増やしたものが
ウ　アッテ　クニー　プ　　　　　シャケではない
ウ　チェプ　ネ　ヒネー　　　　　そのシャケを
シネ　チェプ　アエ　ヒー　　　　一匹食べた
アイコパッ　クスー　　　　　　　私が罰を受けるとは

(v)パウチョーチョパフムフムフムー　(v)パウチョーチョパフムフムフム
アイヌ　ウェニーターッ　　　　　アイヌの悪い言葉
ウ　クンヌイーターッ　　　　　　黒雲のような言葉
アイコスイェ　ヤー　　　　　　　私が浴びせられた
シコロ　　　　　　　　　　　　　と
チロンヌプ　カムイ　　　　　　　キツネ神が

キツネのチャランケ　73

ハワン　コロ	言いながら
ペッ　パルッ　タ	川縁で
アン　マ	いて
チャランケ	アイヌにチャランケをしていた
ハウェ	声を
ウェンタラプ　ネ	夢の中で
ウェンタラプ　クル	聞いた人が
アン　ヒネ	いたので
ヒ　アクス	それを聞いたアイヌたちは
オアラ　オアラ	まったくまったく
アイヌ　ウタラ	アイヌたちが
ウェン　ハウェ	悪いのだ
ネー　シコロ	ということに
ネ　コロ　オラー	なって
アイヌ　ウタラ	アイヌたちが
ウコラムコロ　ヒネ	相談をして
カムイ　コヤシンケ	キツネ神に謝罪を
アン　ルウェ　ネー	したのだ

シコロ　アン　カムイユカラ　カ	というカムイユカラも
クヌ　プ　ネ	私は聞いたので
クス　クイェ　ハウェ	ここで言っているのだ

和訳：萱野茂

出所：萱野茂のアイヌ神話集成カムイユカラ編Ⅱ

（ビクターエンターテインメント 1998）

沖縄にとっての琉球諸語の復興とは
──私の琉球語経験の中から

波照間永吉　名桜大学大学院教授

琉球語と私の言語習得環境

　言語が文化の母であることは、改めて言うまでもない。沖縄・奄美地域の母なる言葉は、かつて琉球方言と呼ばれ、日本語の一つの岐れとして語られてきた。しかし、2009 年、ユネスコはこれらの地域の言葉を琉球語、また琉球諸語として、その現状が「消滅の危機に瀕している」とした。日本語の一分派ではなく独立した言語、しかもこの言語をめぐる状況がこのまま続けば近い将来には消滅する言語としたのである。

　私の生まれ育った石垣島の言語はその琉球諸語のなかの八重山語に分類されるが、この言語は中でも「重大な」という修飾語のついた "危機言語" である。これは、私自身の言語生活の履歴と現状からしても明らかである。私は石垣島の石垣市の中心地帯である四ヶ字は登野城の生まれだ。家族は、明治 37 年に登野城に生まれた父と、大正 3 年に首里石嶺に生まれた母、そして 4 人の兄弟である。戦後生まれでもあり、明治以来の "日本化運動の優等生" という土地柄もあって、家族の会話は日本語であった。しかし、父と母との会話は首里語。父の姉弟や親戚が訪ねて来たときは登野城方言が話されていた。家は、登野城の海岸沿いの "八重山人居住地" の東の端であった。この家から東の方は、糸満から移住して漁業に従事するイトゥマンピトゥ（糸満人）の部落になっていた

から、これらの人の話す糸満方言も当然耳にしてきた。大学に入って琉球語や琉球文学に興味を持ったこともあって、八重山語・首里語については後に習得した部分が多くあると言ってよい。

　しかし、これらの言語を日本語と同様に駆使できるかというとそうではない。聞くぶんについては、60〜70点はもらえても、話すことについては及第点には到底及ばないだろう。さらに言うと、これを次の世代、すなわち自分の子供に八重山語、首里語のいずれかを伝えるための活動はこれまで一切なしてこなかった。これこそが琉球語の問題としては、もっとも重大なことだろう。

　我が家における琉球語教育の完全なる欠落は、おそらく、他所の家庭でも同じではなかろうか。琉球語普及の鍵はここにあるに違いない。この家庭における言語教育に代わるものがあるとすれば、地域社会における教育か、学校教育の場である。しかし、これらについても現在の日本国、そして沖縄県の状況からすると極めて困難な状況にあると言うべきだろう。

琉球語と琉球文学

　私の専門領域は琉球文学研究である。琉球文学とは、ごく簡単に言うと琉球語によって形作られた文学、ということになる。また、奄美・沖縄・宮古・八重山の諸島に人々が住み、琉球国という国家を作り、そして1879年に近代日本に併合されるまでの時間に、これらの地域で生まれ、享受された文学であるとも規定される。琉球文学の全体は、琉球語の作品群と、和語（日本古典語）による作品群（琉球和文学）、漢詩文（琉球漢文学）の作品群に分けられる。これらを総称して「広義の琉球文学」と呼ぶ。これに対して、琉球語による作品群を「狭義の琉球文学」と呼ぶことができる（外間守善『南島文学論』〈1995年、角川書店〉参照）。

　さて、この「狭義の琉球文学」のジャンルであるが、外間守善はこれ

を世界の文学の標準的ジャンルである「叙事・抒情・劇」の３分類に従って分類すると共に、折口信夫や西郷信綱などの文学発生論の考えに従って、叙事の前に「呪祷」の段階を考え、「呪祷文学」「叙事文学」「抒情文学」「劇文学」の４つのジャンルに分類した。

　この琉球文学を紐解くことによって、私たちは琉球人、そして現代の沖縄人のものの考え方の源基部分にふれることができるだろう。例えば、琉球の古い歌謡では人の死は謡われない。それは、人々の祈りは世の中の豊饒・平安であり、年ごとの作物の実りを実現することこそが、村の人々の最大の願いであったからであろう。思い描かれるべきなのは常に豊穣に恵まれた明るい社会であり、不幸は存在してはならない、口に出してはならないものであったのである。その背景には言語に対する素朴な信仰、すなわち、言霊信仰があった。口に出したことは間違いなく現実化する。だから、人々は良きことのみを口から発しなくてはならない。不吉な事、きたないことばを発することは「クチ　ウーユン」（口を追う。言葉で表現したとおりに現実がやってくる）と言って、厳しく戒められたのである。

　また、宮古・八重山では薩摩入り（島津氏の琉球侵攻）後の 1637 年から 1902 年まで「人頭税」と称される税制が敷かれ、人々は塗炭の苦しみにあえいだ。そんな中で人々は「ユバ　ナウレ」（世は稔れ）とひたすら願った。その思いは歌のハヤシ言葉となって神祭りの歌に謡い込まれた。そして、歌の世界の広がりと共に、男女の恋の歌でも、孤児の哀しい物語の歌でも繰り返し謡われるようになった。これなど、まさに、ひたすら豊饒の世を希う人々の言霊信仰の響きとしか言いようがない。

　このような言葉に対する畏れと、人智を超越した存在にひたすら祈ることによって困難を乗り越えようとした人々の想念は、外間守善の言う「呪祷文学」を貫き、さらに「叙事文学」にまで到達している。このような人々の想念をたどり、これを精密に分析し、言語表現の背後にある思想を明らかにすることは、現在の沖縄人のものの見方や考え方をみる上で、様々な示唆を与えるはずである。このような観点からも、私自身

は琉球文学研究にたずさわり、琉球語の将来に対しても関心を持ち続けているのである。

琉球語の将来と沖縄の文化

　さて、私自身がこのような考えを持つに至ったのには理由がある。1972年の沖縄の「日本復帰」を間に挟んだ激動の時代、私は首里にあった大学で学生生活を送っていた。日本復帰を当たり前のこととしてきた私の意識は、18歳で故郷を出て大学に入ると同時に激しく揺さぶられることになった。果たして私たちは日本人か。日本人である前に一個の沖縄人・琉球人ではないのか。沖縄が日本であった歴史は1879年からほんの60数年にすぎない。しかもそれは武力をもとにした侵略・併合の結果ではないか。沖縄には独自の歴史があり、小さいながら独立した国家であり、その内部で培われた文化があるのではないか。このような沖縄をめぐる根本的なことを考えるようになっていったのである。そして、日本復帰後のことを思うと、沖縄の自立こそを目ざすべきだと考えるようになっていった。

　新川明氏らの「反復帰論」に学び、琉球・沖縄文化の根源とその展開を自らの力で解明しようと思い、琉球文学の研究を志した。その中で琉球語について学ぶことは必然的であった。その時、前に書いた自分自身の言語を形成した環境の特異性に気づかされるとともに、この環境が琉球文学を研究するためには良い環境にあったと思った。と同時に、自らが八重山語も首里語も自由に操れない中途半端な状況であることも自覚させられた。

　ところで、60年代後半からの「反復帰論」の中で、琉球語に対する議論がなされてこなかったのはなぜだろうか。あれだけ沖縄の文化の特異性と自立性を主張しながら、その根本を支えてきた言語の問題について「反復帰論」は積極的に取り上げてこなかったのではないか。あの時

代は、琉球語の問題を扱った重厚な著作が続々と発表される時期でもあった[1]。しかし、琉球語の将来についてその展望と継承について問題提起し、特に継承について議論する本はなかったように思う。反復帰論の論者たちもこの問題については、特に今議論すべきこととしては意識していなかったのではなかろうか。

　そんな中で、「日本復帰」を議論する国会の傍聴席で爆竹を鳴らして抗議した沖縄青年同盟の青年達による"裁判闘争"は注目に値する。彼らはその中で自らの主張を、それぞれの"被告"が育った地域の琉球語によって展開したのである。このことは、琉球語と日本による沖縄支配の関係を鋭く問うことであった。すなわち、近代日本による琉球併合と日本化（皇民化）教育のために琉球語が沖縄の住民から剥奪され、果ては「方言撲滅」の標語によって絶命させることをめざした近代日本のあり方を糾弾するものとなっていたのである。極めて先進的な試みであったのだ[2]。しかし、彼らにしてなお、琉球語の保存継承ということが目前の課題となって現れることについては意識していなかったのではなかろうか。それは、当時はまだ琉球語を話す世代が幅広く存在し、これほど速く琉球語が衰滅の道を辿るとは誰も考えていなかったことによるものであろう。

　言語の衰退の速度は人々の想像するよりもはるかに速いのである。50年足らずの時間、世代が二度交代する間に我が琉球語は消滅の危機に瀕するようになった。この問題について、我々は無自覚であった。しかし一方で、現状を憂慮する学者は警鐘をならし、取り組みを始めていた。1978年、上村幸雄氏らによって設立された沖縄言語研究センターは、奄美から与那国に及ぶ琉球列島各地の諸方言の記録作成にいち早く取り組んでいた。現在もその活動は進んでいる。この成果を琉球語による言語生活の復活の活動にどのように活用していくか。これが今後の課題であろう。

　沖縄県は現在しまくとぅば普及センターを設立し、しまくとぅばの復興に取り組んでいる。地域ボランティアによるしまくとぅば講座や、セ

ンター独自の地域しまくとぅば講座のほか、しまくとぅば講師養成講座、しまくとぅば検定、と様々な事業が展開されている。筆者もその活動を担う一員であるが、現在のその活動は、まだ点としての活動にとどまっている。これを如何にして面に押し広げるか。民間にはしまくとぅば普及協議会などのボランティア団体が各地に組織され、活発な取り組みがなされている。学校教育での取り組み、首里語を中心としたしまくとぅば標準語の設定、しまくとぅば正書法の設定など、いろいろな提案もなされている。しかし、ことは簡単でない。現状はしまくとぅば教育のための理念や教育実践のためのカリキュラム研究さえなされていない。社会教育としてのしまくとぅば普及活動も目ざされねばならない。まさに手探りの状態でしまくとぅばの保存・継承活動が今展開されている。沖縄文化・地域文化への愛情と愛着に根ざした活動であるが、道は険しく困難である。

1　谷川健一編集の「叢書わが沖縄」の第2巻『方言論争』・第3巻『起源論争』（1972年）が印象に残る。学術書としては外間守善『沖縄の言語史』（1971年）、柴田武『全国方言資料第10巻　琉球編Ⅰ』『全国方言資料第11巻　琉球編Ⅱ』（1972年）、中本正智『琉球方言音韻の研究』（1976年）など

2　この運動に関わった同世代の仲里効は後に『悲しき亜言語帯―沖縄・交差する植民地主義』（2012年　未來社）で、沖縄の現代文学と「沖縄語」の問題について論じている、同書のあとがきでは、この「裁判闘争」が著者にもたらした"衝迫"が語られている。

人間のはじまり
――カジマヤーの由来――

原話：山本川恒
再話：比嘉　久

　カジマヤーとは、沖縄県で広く行われる数え年97歳の長寿のお祝いのことです。カジマヤーとは風車のことで、97歳を迎えたお年寄りは赤い服を着て、風車などで豪華に飾り付けたオープンカーなどに乗って集落をパレードします。親戚だけでなく、集落をあげて盛大にお祝いします。

　このお話は沖縄県北部の名護市字宇茂佐にお住まいだった山本川恒さんの語りを収録したものを基にしています。今回の掲載にあたり、比嘉久さんが名護市のウチナーグチに再訳してくださいました。

ムカーシ　ムカシ、ウー　ムカーシ、ティンヌカミガ　ジーンガティ
昔　　　むかし、大　昔、　　　天の神が　　　　　地上に

ウリティ　チャンディ。
降りて　　きたそうだ。

ウリティ　チャートゥ、フマーニ　イイ　ミチャーヌ　アイタンディ。
降りて　　くると、　　そこに　　いい　粘土が　　　あったそうだ。

「アー　フレー　イイ　ミチャー　エッサー。ミチャブトゥキ
「あー　これは　いい　土だ。　　　　　　土の人形を

チクティマー」ンディ　イチ、　ティンヌカミヤ　ドゥーナーニ
作ってみよう」と　　いって、　天の神は　　　　自分の姿に

ナートール　ミチャブトゥキ　チクタン。
似た　　　　土の人形を　　　作った。

「ユー　ディキトッサー。フリチ　チュー　チクラリンハジエッサー」
「いい　できだ。　　　　　これで　人間を　作れるかもしれん」

ンディ　イチ、　ミチャブトゥキ　ムーチ　チクタン。
と　　いって、土の人形を　　　　六つ　　作った。

「トー、クーヤ　フマーマディ。マタ　アッチャー　ウリティ　ジー、
「よし、今日は　ここまでだ。　また　明日　　　　降りて　　きて、

イキー　フキクディ、チュ　　チクティ　ンダー」ンディチ、
息を　　吹き込んで、人間を　作って　　みよう」といって、

ティンヌカミヤ　ティンガティ　ケーティ　イジャン。
天の神は　　　　天に　　　　帰って　　行った。

アンチシチ　ナーチャ、
そして　　　次の日、

「トー、チュ　　チクインドー」ンディチ　ウリティ　チャートゥ、
「さあ、人間を　作るぞ」　　　　といって　降りて　　くると、

キンヌー　　チクターヌ　ミチャブトゥキヤ　ムル　コーハットータン。
昨日　　　作った　　　土の人形は　　　　みんな　壊されていた。

「ヌーガ　フレー。ターガ　コーチャガヤー」ンディチ　イーガチ、
「何だ　　これは。誰が　　壊したのかな」　と　　　　　　いいながらも、

ティンヌカミヤ　マタ　ミチャブトゥキ　ムーチ　チクティ、
天の神は　　　　また　土の人形を　　　六つ　　作って、

ティンガティ　ケーティ　イジャン。
天に　　　　帰って　　行った。

ナーチャ　マタン、
次の日も　また、

「トー、チュ　　チクインドー」ンディチ　ウリティ　チャートゥ、
「さあ、人間を　作るぞ」　　　　と　　　　降りて　　くると、

人間のはじまり　83

ミチャーブトゥキヤ　マタン　コーハットータン。
土の人形は　　　　また　　壊されていた。

「ヌーガ　フレー。ターガ　コースンバーガヤー」ンディチ、
「何だ　　これは。誰が　　壊しているのだろう」と、

ティンヌカミヤ　マタン　ミチャブトゥキ　ムーチ　チクティ、
天の神は　　　　また　　土の人形を　　　六つ　　作って、

クンドゥヤ　フヌ　ミチャブトゥキ　マギ　　キーヌ　シチャンガティ
今度は　　　この　土の人形を　　　大きな　木の　　下に

ナラビティ　ウチ、　ティンガティヤ　ケーラン、
並べて　　　おいて、天には　　　　　帰らずに、

キーヌ　ウワービンジ　クワックィトータン。
木の　　上で　　　　　隠れていた。

シチャクトゥ、クーテングワーシチ、ジーヌ　ダテン　ユリティ、
すると、　　少しして、　　　　　地面が　大きく　揺れて、

ピカピカピカーシチ　ピカタン。ティンヌカミヤ、キーカラ
ピカピカピカーして　光った。　天の神は、　　　　木から

ウティラングトゥシチ　キー　カチミティ　　ウタクトゥ、
落ちないように　　　　木に　しがみついて　いると、

ジーヌ　ナカカラ　チュイヌ　カミーガ　アラワリティ、ミチャブトゥキ
地面の　中から　　一人の　　神が　　　現れて、　　　人形を

コーハーンディ　シチャン。ティンヌカミヤ、
壊そうと　　　　した。　　天の神は、

「エー、マッテー。イャーガル　ミチャブトゥキ
「おい、待て。　　おまえが　土の人形を

コーチョーテーサヤー」ンディ　イチャン。
壊していたのか」　　　と　　　いった。

「イェンドー、ワンガ　コーチャン。イャーヤ　ダーガ」
「そうだ、　私が　壊した。　おまえは　何者か」

「ワンヤ　ティンヌカミ」
「私は　　天の神だ」

「ワンヤ　ジーヌカミ。ワンガミチャー　イチャンダ　チカーティヤー、
「私は　　地の神だ。　私の土を　　　　無断で　　使っておいて、

ガッティンナラン」ンディ　イチャクトゥ、ティンヌカミヤ、
許せない」　　　　と　　　いったので、　天の神は、

「アンル　エータンナー。ワンガ　ワッサイビータン。ユルチ
「そうで　あったか。　　私が　　悪うございました。許して

トゥラシェー。ヤシガ　フヌ　ミチャー　カラチ　トゥラハンナー」
くれ。　　　だが　この　土を　　　貸して　くれないか」

人間のはじまり　85

「カラチ　　シムシガ、ナンニン　カイガ」
「貸しても　いいが、　何年　　借りるのか」

「ヒャクニン　カラチ　トゥラシェー」
「百年　　　　貸して　下さい」

「シムンドー」ンディチ、　　　ティンヌカミヤ　ジーヌカミカラ
「いいだろう」ということで、天の神は　　　　　地の神から

ヒャクニン　ミチャー　カイヌクトゥー　ナタン。
百年　　　　土を　　　借りることに　　なった。

ティンヌカミガ、ムーチヌ　ミチャブトゥキンガティ　イキ
天の神が、　　　六つの　　土の人形に　　　　　　　息を

フキクダートゥ、ミッチャイヌ　イキガートゥ
吹き込むと、　　三人の　　　　男と

ミッチャイヌ　イナグーンガティ　ナタンディ。
三人の　　　　女に　　　　　　　なった。

フリガ　チュヌ　ハジマインディ。フヌ　イキガー　ミッチャイトゥ
それが　人間の　始まりだ。　　　その　男　　　三人と

イナグー　ミッチャイカラ　ナシハンジョー　シチャンディ。
女　　　　三人から　　　　子孫繁栄　　　　していった。

アンチ、キュージューナナニン　タッチャヌ　トゥシー、ジーヌカミガ
すると、97年　　　　　　　　経った　　　年、　　　地の神が

86

ティンヌカミンガティ、
天の神に、

「ナー　ヒャクニン　ナトンドー。ミチャー　ケーヘー」ンディ
「もう　百年　　　経ったよ。　土を　　　返してくれ」と

イチャン。ティンヌカミヤ、
いった。　天の神は、

「イーイン、ナマー　キュージューナナニンドー。ヒャクニン
「いやいや、まだ　　97年ですよ。　　　　　　　　百年に

ナトゥランドー」ンディ　イチャシガ、
なっていませんよ」と　　いったが、

「イーイン、イャー　チガトン。　　ユンジキンディ　イーシ　ワカランナー。
「いやいや、あんた　間違っているよ。ユンジチ（閏月）というのを　わからないのか。

フリ　　サンミン　シーネー、ヒャクニン　ナインドー」
それを　計算　　　すると、　百年に　　　　なるんだよ」

「ヤシガ、ナマ　ケーヘーンディ　イャッティン　イキチョールチュ
「でも、　今　　返してくれと　　言われても、　生きている人間を

シナシヤナラン。　　　　　　　　スマンシガ、アトゥ　グジューニン
死なせることはできない。　すまないが、あと　　50年

人間のはじまり　87

カラチトゥラハンナー」
貸してくれないか」

「フリカラヤ　ワンチュイチ　キミラリル　ムンアラン。　ワンカン
「これ以上は　私一人で　　　決められる　ことではない。私より

ウゥービヌ　カミンガティ　ソーダン　サンケー　ナラン」
上の　　　　神に　　　　相談　　　しないと　いけない」

ティンヌカミガ、
天の神が、

「アンシェー、ソーダンシチ　トゥラシェー。アトゥ　グジューニン
「それなら、　相談して　　　下さい。　　　あと　　50年

カラチ　トゥラシェー」ンディ　イチャクトゥ、ジーヌカミヤ
貸して　下さい」　　　　と　　　　いうので、　地の神が

ウゥービヌカミンガティ　ソーダン　シーガ　イジャン。
上の神に　　　　　　　相談を　　しに　　行った。

クーテン　マッチョーイネー、ジーヌカミヌ　ムドゥティ　ジー、
しばらく　待っていると、　　　地の神が　　戻って　　　きて、

「グジューニン　カラチシムンディ。　ヤシガヤ、『ナースケン
「50年　　　　　貸してもいいそうだ。だが、　『もう一度

ウマリタンディイヌ　　スーギシー』ンディヌ　クトゥヤタン」
生まれ変わったという　祝儀を行え』という　　ことだ」

「キャッチシェー　シムガ」
「どうすれば　　　いいのか」

「キュージューシチ　ナタヌ　チュンガティ、アカギン　　キシティ、
「97歳に　　　　　　なった　人に、　　　　　　赤い着物を　着けさせて、

カジマヤー　ムタチ、『ワラビ　　ウマリタンドー』ンディ　イチ
風車を　　　持たせて、『子どもが　生まれたよ』　　と　　　　いって

スーギシェー　　シムンディ。アンチ　シーネー、グジューニン
お祝いをすれば　いいそうだ。そう　　すれば、　50年

カラチン　シムンディ」
貸しても　いいそうだ」

フリカラー、キュージューシチ　ナイネー、アカギン　キシティ、
それから、　97歳に　　　　　　なったら、赤い着物を　着せて、

カジマヤー　　ムターチ、スーギ　　スーヌグトゥ　ナタンディ。
カジマヤーを　持たせて、お祝いを　するように　　なったそうだ。

協力：NPO法人沖縄伝承話資料センター

執筆者紹介

アレクセイ・ツィカレフ
ロシアのペテロザヴォーツク州立大学で言語学修士号を取得。専門の研究領域は先住民族の権利、特に言語と文化に関する権利。ロシアの先住民族の権利保護にも積極的で、現在も先住民族と民主主義支援センターの所長を務める。国連先住民族の権利に関する専門家機構の元メンバー。

石原昌英
琉球大学国際地域創造学部教授。1991 年にアリゾナ大学より博士号（言語学）の授与。1992 年から琉球大学に勤務。消滅危機言語（琉球諸語、ハワイ語、チャモロ語）の復興および言語的少数者の言語的人権に関する研究に従事している。

永井文也
京都大学大学院人間・環境学研究科修士課程およびロンドン大学高等研究院修士課程修了。現在、ブリティッシュ・コロンビア大学人類学部博士課程。また、日本の先住民族による権利運動を支援する人権 NGO・市民外交センター副代表。

関根健司
1998 年より平取町二風谷在住。親子アイヌ語教室に娘と一緒に行き始めたのを機にアイヌ語を学び始め、その後も研究者やお年寄りなどから本格的にアイヌ語を学ぶ。現在「平取アイヌ語教室・子どもの部」や、北海道各地の学校でもアイヌ語を教えるなど、講師として活躍。平取町立二風谷アイヌ文化博物館学芸員補。

新垣友子
英国スコットランド、エディンバラ大学大学院言語学科博士課程修了。言語学博士（Ph. D.）。沖縄キリスト教学院大学英語コミュニケーション学科教授。専門分野は琉球諸語の記述文法であるが、言語復興や言語の多様性、アイデンティティ、言語権など社会言語学の分野にも関心をもっている。

波照間永吉
1950 年、沖縄県石垣島に生まれる。琉球大学卒業後、法政大学大学院で学ぶ（文学博士）。『定本　おもろさうし』『鎌倉芳太郎資料書ノート篇』（全 4 巻）等、編著書多数。現在、「琉球文学大系」（全 35 巻）に取り組んでいる。

IMADR ブックレット　18
先住民族の言語の権利 —世界と日本—

2019 年 9 月 12 日　初版第 1 版発行

編集・発行　　　反差別国際運動（IMADR）
　　　　　　　　〒 104-0042　東京都中央区入船 1-7-1
　　　　　　　　松本治一郎記念会館 6 階
　　　　　　　　Tel：03-6280-3101/Fax：03-6280-3102
　　　　　　　　e-mail：imadrjc@imadr.org
　　　　　　　　https://www.imadr.net

発売元　　　　　株式会社解放出版社
　　　　　　　　〒 552-0001 大阪府大阪市港区波除 4-1-37 HRC ビル 3F
　　　　　　　　Tel：06-6581-8542/Fax：06-6581-8552
　　　　　　　　http://www.kaihou-s.com
　　　　　　　　東京事務所
　　　　　　　　〒 113-0033 東京都文京区本郷 1-28-36 鳳明ビル 102A
　　　　　　　　Tel：03-5213-4771/Fax：03-5213-4777

印刷・製本　　　モリモト印刷株式会社

ISBN978-4-7592-6342-8　C0336
定価は表紙に表示しています。　落丁・乱丁はお取り替えいたします。

反差別国際運動（IMADR）◇出版物一覧

◆『現代世界と人権』シリーズ◆

（A5判／とくに表示のないものは、定価1,800〜2,000円＋税／在庫があるもののみ表示）

1 国際社会における共生と寛容を求めて

マイノリティ研究の第一人者パトリック・ソーンベリーさんの国連「マイノリティ権利宣言」採択後にまとめたレポートを翻訳紹介。あわせて「宗教に基づく不寛容と差別を考える集会」の概要も紹介。 （1995年）

2 世紀の変わり目における差別と人種主義

2001年の「反人種主義・差別撤廃世界会議」に向けて、世界の差別の実態を明らかにし、グローバリゼーションがマイノリティの人権におよぼす影響とそれに対する闘いについてさぐる。 （1999年）

3 国連から見た日本の人種差別 ——人種差別撤廃委員会審査第1・2回 日本政府報告書審査の全記録とNGOの取り組み

2001年3月にジュネーブで行なわれた人種差別撤廃条約の日本政府報告書初審査の全審議録、政府追加回答文書、人種差別撤廃委員会最終所見、同解説を全収録。審査に向けた政府報告書、NGOレポート、審査事前事後のNGOの取り組みを含め、さまざまな関連情報を掲載。 （2001年／定価2,600円＋税）

4 マイノリティ女性の視点を政策に！社会に！ ——女性差別撤廃委員会日本報告書審査を通して

欠落していたマイノリティ女性の視点と政策は、女性差別撤廃委員会日本報告書審査を通して、重要課題となった。審査を活用したマイノリティ女性の取り組み・主張、マイノリティ女性に対する複合差別が国際舞台でどう扱われてきたかなど重要資料20点所収。 （2003年／定価2,200円＋税）

5 人権侵害救済法・国内人権機関の設置をもとめて

「人権侵害救済法」（仮称）法案要綱・試案および同補強案の背景にある視点や取り組みの経緯、地方自治体の取り組みや国際的な情勢などを紹介。関連文書や国内外の動向を含む資料も豊富に掲載。 （2004年）

6 グローバル化の中の人身売買 ——その撤廃に向けて

「人身売買の被害者の人権」という視点から、問題解決につながる道筋をつけるべく編集された1冊。人身売買を生み出す原因や、日本における実態、現在の法的、行政的制度・計画の問題点、人身売買撤廃と被害者の救済・保護についての論考や豊富な資料を掲載。 （2005年）

7 「周縁化」「不可視化」を乗り越えて ——人種主義・人種差別等に関する国連特別報告者の日本公式訪問報告書を受けて

国連の人種主義・人種差別等に関する国連特別報告者の日本公式訪問報告書を受け、日本における人種差別を社会的・歴史的背景をふまえて再考することを試みた一冊。人種差別に関する世界的情勢に加え、国内の当事者による主張や国連機関による分析・評価などを収録。 (2006 年)

8 立ち上がりつながるマイノリティ女性 ——アイヌ女性・部落女性・在日朝鮮人女性によるアンケート調査報告と提言

3 者が自分たちが抱える問題解決にむけて、教育・仕事・社会福祉・健康・暴力の分野で共通設問を設定し、はじめての調査を実施。その報告と提言のほか、女性たちの声も収録。 (2007 年／定価 2,200 円＋税)

9 国連と日本の人権 ——NGOから見た普遍的定期審査

国連人権理事会に新設された「普遍的定期審査」(UPR) 制度のもとで、日本の人権状況が初めて審査された。NGO の視点からこの制度を分析し、審査の流れを追い、その過程への NGO の効果的なかかわりのあり方を探る。 (2009 年)

10 先住民族アイヌの権利確立に向けて

日本政府は 2008 年、アイヌ民族を日本の先住民族と認め、アイヌ政策に関する有識者懇談会を設置、翌年 7 月に報告書が提出された。権利回復運動の現場から寄せられた論考に加え、国連宣言、国連人権文書におけるアイヌ民族に関する記述の抜粋、重要な関連法、上記懇談会の報告書全文を収録。 (2009 年)

11 今、問われる日本の人種差別撤廃 ——国連審査とNGOの取り組み

2010 年 2 月、人種差別撤廃委員会が行なった日本報告書の審査の全容を収録。とくに委員会の質問と日本政府代表の答弁からなる 6 時間の審議録は、国際人権基準について国連と日本政府の見解の相違を浮き彫りにしている。 (2010 年／定価 2,300 円＋税)

12 レイシズム ヘイト・スピーチと闘う
——2014年人種差別撤廃委員会の日本審査とNGOの取り組み

2014 年人種差別撤廃委員会による日本審査の記録本。審査会場での NGO の取り組み、2 日間に及ぶ委員会と日本政府のやりとり、審査に関わった人種差別撤廃 NGO ネットワークのメンバーによる勧告の読み解きと提言などが満載。さらに、元 CERD 委員のソーンベリー教授による特別寄稿が続きます。国連は日本のレイシズムをどう見ているのか、必見の一冊。 (2015 年／定価 2,000 円＋税)

13 人種差別に終止符を。——2018年国連の日本審査とNGOの取り組み

2018 年人種差別撤廃委員会による日本審査の記録本。NGO が提出したレポートのすべて、2 日間にわたる委員会と日本政府の対話、審査に関わった NGO メンバーによる勧告の読み解きなどが満載。さらに、元 CERD 委員のアナスタシア・クリックリーさんによる特別寄稿も。 (2019 年／定価 2,000 円＋税)

◆ 『IMADR ブックレット』シリーズ◆

(とくに表示のないものは A5 判／定価 1,000 円＋税 / 在庫があるもののみ表示)

1 人種差別撤廃条約と反差別の闘い

人種差別撤廃条約の制定の背景、内容、意義について、また日本の現状にとっての意義を部落、在日韓国・朝鮮人、アイヌ民族、移住労働者の立場から説明した内容。

(1995 年)

2 アメリカの人権のまちづくり ──地域住民のチャレンジ

地域レベルにおけるマイノリティをはじめとした人びとに対する人権擁護政策を推進させるため、米国の NGO ／ NPO と行政ならびに企業がどのようなパートナーシップを形成し、「人権のまちづくり」を推進しているか、その取り組みを紹介。

(2000 年)

3 マイノリティの権利とは
──日本における多文化共生社会の実現にむけて

日本におけるマイノリティの声や、マイノリティとマジョリティが共に生きる日本社会を考える人権活動家・研究者による座談会録などを掲載。資料編では国連のマイノリティ権利宣言やその逐条解説などを収録。

(2004 年)

4 「国際テロ・国際組織犯罪」対策とマイノリティの「不安全」
──日本・韓国・フィリピンの経験から

「テロとの戦い」「国際犯罪組織の撲滅」のかけ声のもと、治安強化と監視の波が世界規模で広がっている。そのようななか、マジョリティ市民の安全を守る名目で、マイノリティが平和的に安全に生活する権利が脅かされている。この構造を克服し、マイノリティとマジョリティ市民が連帯して共通の安全を求めていくために何をすべきか。本書はその答えを探ろうとすべく刊行する、日本・韓国・フィリピン 3 カ国の国際比較研究である。

(2006 年)

5 講座　人身売買 ──さまざまな実態と解決への道筋

人身売買を生み出す構造と現実に迫るべく、最前線で活躍する講師陣による連続講座をまとめた一書。国際斡旋結婚、外国人研修制度、看護士・介護福祉士受け入れの現実にも切り込み、日本社会とのつながり、問題解決にむけての道筋をさぐる。キーワード解説や講師お勧め書籍収録。

(2007 年／定価 1,200 円＋税)

6 スリランカの内戦と人権

二十数年続く民族紛争がマイノリティの人権に重大な影響を及ぼしてきたスリランカ。その現実を知り、屈指の援助国・日本の政府と市民の役割を考えるための書。現地からの書き下ろし原稿や最新の資料も収録、図表や写真も多数。

(2008 年)

7 平和は人権 ──普遍的実現を目指して

「平和への権利」とは何か？国際市民社会で「平和への権利」についての議論に関わってきた 4 人の研究者と、人権、差別の諸問題に取り組む活動家による論考は、「平和

への権利」について、そして平和に生きる権利の実現を妨げるものは何かについて考える糸口を提示する。　　　　　　　　　　　　　（2011年／定価1,200円＋税）

8　企業と人権　インド・日本　平等な機会のために

経済成長と民営化により民間部門が急速に拡大したインドにおけるダリットの経済的権利の確立と包摂に向けた課題と、民間部門における積極的差別是正政策の可能性について、ダリットの活動家と研究者が考察を行なう。　（2012年／定価1,200円＋税）

9　日本と沖縄　常識をこえて公正な社会を創るために

日本と沖縄。なんでこんなに遠いのか。歴史をひもとき、世界の潮流にふれ「常識」の枠をこえて公正な社会創りへの道を問う。沖縄からの声に対する本土からの応答も試み、国連が沖縄に関して言及している資料も掲載。　（2016年／定価1,000円＋税）

10　サプライチェーンにおける人権への挑戦

ビジネスの世界においてグローバル化が進む中、インドでは労働者の権利が守られないまま女性や子どもが労働力として搾取されています。サプライチェーンにおいてこのような人権侵害が起こることを防ぐ視点は企業だけではなく、消費者である私たちにも求められています。　　　　　　　　　　　　　（2017年／定価1,000円＋税）

◆その他の出版物◆

ナチス体制下におけるスィンティとロマの大量虐殺
──アウシュヴィッツ国立博物館常設展示カタログ・日本語版)

第2次世界大戦下におけるナチス・ドイツによる「ホロコースト」は、ユダヤ人だけではなく、スィンティやロマと呼ばれている人びとも、アウシュヴィッツをはじめとした強制収容所で50万人以上が虐殺された。ポーランドのアウシュヴィッツ国立博物館常設展示されている「ナチス体制下におけるスィンティとロマの大虐殺」の展示物日本語版カタログとして刊行した書。　　　　　　（2010年／定価4,000円＋税）

■お問合せ■　反差別国際運動（IMADR）

〒104-0042　東京都中央区入船1-7-1 松本治一郎記念会館6階

　　◆会員割引有◆ TEL：03-6280-3101　FAX：03-6280-3102　E-mail：imadr@imadr.org
■お申し込み■同上、または（株）解放出版社　TEL：06-6581-8542　FAX：06-6581-8552
　　　　　　　　　　　　東京営業所　TEL：03-5213-4771　FAX：03-5213-4777

反差別国際運動(IMADR)に参加しませんか？

IMADR とは

反差別国際運動（IMADR）は、部落解放同盟の呼びかけにより、国内外の被差別団体や個人、国連の専門家などによって、1988年に設立された国際人権NGOです。1993年には、日本に基盤を持つ人権NGOとして初めて国連との協議資格を取得しました。スイスのジュネーブにも事務所を設置し、マイノリティの声を国連に届け、提言活動に力を入れています。

IMADR の活動内容

IMADRは、以下の活動テーマへの取り組みを通じて、差別と人種主義、それらとジェンダー差別が交差する複合差別の撤廃をめざしています。
- 部落差別・カースト差別の撤廃
- ヘイトスピーチを含む移住者に対する差別の撤廃
- 先住民族の権利確立
- マイノリティの権利確立
- マイノリティ女性と複合差別の問題
- 国際的な人権保障制度の発展とマイノリティによる活用の促進

草の根レベルで「立ち上がる」
差別をされてきた当事者がみずから立ち上がり、互いにつながることが、差別をなくすための第一歩です。

「理解」を深める
差別と人種主義は、被差別マイノリティのみの課題ではなく、社会全体の課題です。

「行動」につながる調査・研究
効果的な活動のためには、調査・研究が大切です。

情報と経験の「共有」
さまざまな立場・現場にいる人びとが情報と経験を共有することが、変化をもたらす源になります。

よりよい「仕組み」や「政策」を求めて
差別の被害者を救済し、奪われた権利を取り戻し、差別や人種主義を防ぐためには、政治的意志と適切な法制度が不可欠です。

大切にしている視点

EMPOWERMENT―立ち上がり　被差別の当事者が、差別をなくすためにみずから立ち上がり活動すること。

SOLIDARITY―つながり　被差別の当事者が連携・連帯すること。

ADVOCACY―基準・仕組みづくり　被差別の当事者の声と力によって、差別と人種主義の撤廃のための仕組みが強化され、それらが被差別の当事者によって効果的に活用されること。

IMADR の活動に参加しませんか？

活動に参加する
IMADRが発信する情報を入手したり（ニュースレターや出版物の購入、メールマガジンへの登録など）、それを周囲の人びとに紹介したり、さまざまなイベントやキャンペーン、提言活動に参加するなど、いろいろな方法で活動に参加できます。

活動を支える
IMADRの活動は、多くの個人・団体の皆さまからの賛助会費と寄付によって支えられています。ご入会頂いた方には、ニュースレター「IMADR通信」（年4回発行）や総会の議案書、IMADR発行の書籍（A会員と団体会員のみ）をお届けします。詳細は、ウェブサイト（www.imadr.net）をご覧くかIMADR事務局までお問い合わせください。

IMADR 年会費		振込先
個人賛助会員A	¥10,000	郵便振替口座　00910-5-99410
個人賛助会員B	¥5,000	加入者名　反差別国際運動
団体賛助会員	¥30,000	

活動をつくる
さまざまな活動づくりに関わるボランティアを募集しています。ボランティアの活動内容は、文書・記録・展示物などの作成や、各企画のための翻訳、主催イベントの運営、特定の活動の推進メンバーになるなど、さまざまです。関心のある方は、IMADR事務局までお問い合わせください。

反差別国際運動 (IMADR)
The International Movement Against All Forms of Discrimination and Racism
〒104-0042 東京都中央区入船1-7-1 松本治一郎記念会館6階
Tel: 03-6280-3101　Fax: 03-6280-3102　Email: imadr@imadr.org
Tel: 03-6280-3101　Fax: 03-6280-3102　Email: imadrjc@imadr.org